# 說話不能太白癡

語言大師速成班招生中

贏家系列：22

# 說話不能太白癡：語言大師速成班招生中！

編　　著　李子凡
出 版 者　大拓文化事業有限公司
執行編輯　林秀如
美術編輯　姚恩涵

總 經 銷　永續圖書有限公司
劃撥帳號　18669219
地　　址　22103 新北市汐止區大同路三段一九十四號九樓之一
TEL　(〇二)八六四七—三六六三
FAX　(〇二)八六四七—三六六〇
E-mail　yungjiuh@ms45.hinet.net
網　　址　www.foreverbooks.com.tw

CVS代理　美璟文化有限公司
TEL　(〇二)二七二三—九九六八
FAX　(〇二)二七二三—九六六八

法律顧問　方圓法律事務所　涂成樞律師

出 版 日◇二〇一七年十月









國家圖書館出版品預行編目資料

說話不能太白癡：語言大師速成班招生中！
/ 李子凡編著. -- 初版.
-- 新北市 : 大拓文化, 民106.10
面 ;　公分. -- (贏家系列 ; 22)
ISBN 978-986-411-059-9(平裝)
1.說話藝術　2.口才
192.32　106013763

# 前言

古時候，有個叫艾子的人發高燒，夢遊到陰曹地府，正見閻羅王升堂問事。

有幾個鬼抬上一個人，說：「這個人在陽世時，幹盡了缺德事。」

閻王命令道：「用五百億萬斤柴火燒煮。」牛頭鬼上來押解。

那人私下裡探頭問牛頭鬼：「你既然主管牢獄，為何穿著這麼破爛的豹皮褲子呀？」

牛頭鬼說：「陰間沒有豹皮，要陽間有人焚化才能得到。」

那人立即說：「如果你肯憐憫我，減少些柴，我能夠活著回去，定為你焚化十張豹皮。」牛頭鬼大喜，答應減去「億萬」兩字，煮燒時也只是形式而已。

待那人將歸時，牛頭鬼叮囑道：「你可千萬不要忘了豹皮呀！」

那人回頭對牛頭鬼說：「我有一詩要贈送給你：牛頭獄主要知聞，權在閻王不在君，減扣官柴猶自可，更求枉法豹子皮。」牛頭鬼大怒，把他叉入滾沸的水鍋裡，並加添更多的柴煮了起來。

艾子醒了後，對他的徒弟們說：「必須相信口是禍之門啊！」口是禍之門，說話是一門藝術，說出去的話，如潑出去的水，不掌握技巧，沒有分寸，就會為自己惹來不必要的麻煩，覆水難收。相反的，如果掌握了一定的原則，就能福從口入。

掌握說話的藝術是現代人成功的必備條件之一。從一個人的語言中，就可以推測出這個人的性格、文化層次和禮貌修養，你給別人留下的印象，大部分來自語言。因此，能夠體現出一個人綜合素質的語言能力，是我們日常生活中應當多加鍛鍊的。

前言／003

PART 1

## 自我心理訓練：自信地用嘴去征服他人

01 認識自我，做個優秀的說話者／012
02 突破自我，別讓恐懼困住你的舌頭／016
03 放心！怯場不是你一個人的事／022
04 放鬆自己，緊張感也可以為你所用／026
05 冷靜分析你的聽眾，切勿看輕自己／031
06 心理暗示，始終讓自己保持積極的心態／035
07 不斷練習，不放過每一個鍛鍊的機會／038
08 把握技巧，培養當眾說話的自信／044
09 創造輕鬆和諧的談話氣氛／049

# CONTENTS

## PART 2

## 增強說話氣勢，撼動人心

01 言辭有力，震懾對方心靈／056
02 說話語氣弱，力度就不夠／059
03 提問的方式更容易引起聽話人的注意／063
04 站著說話是威懾對方的好方法／068
05 想要成為強者，說話時就儘量不要笑／071
06 說話簡明扼要，重點才能突出／074
07 語調往往比語義能傳遞更多的資訊／078
08 傾聽是正確的，完全的傾聽則顯得被動／082
09 恰到好處的沉默比語言更有力量／085
10 用數字說話，讓對方更信服／089

PART 3

## 顧及情面，不能說得別人下不了臺

01 巧妙暗示，遠勝當面指責／094
02 不要逼著別人認錯，否則會讓他積存怨恨／098
03 為了別人面子，看破他的心思也不要點破／101
04 顧人情面，勿當面揭穿別人的錯誤／105
05 放下自己的面子，滿足別人一點點虛榮／108
06 保住失敗者的面子，不給自己樹立死敵／113
07 用謙虛的態度和人說話／117
08 說話低調一些／121
09 客客氣氣地與尊者說話／124
10 反駁也要給別人留面子／128
11 揭人之短的事絕對不做／132
12 給別人「臺階」，避免對方丟面子／137

CONTENTS

PART 4

## 說話掌握分寸，避免得罪人


01 管住自己的嘴，沒用的話不要說／142
02 別拿惡語低俗當風趣／146
03 「重」的玩笑，可能並不可「笑」／149
04 適當回應，但不能人云亦云／152
05 口頭禪過多只會招來反感／157
06 自吹自擂，會讓自己變得毫無價值／160
07 將心比心，說話注意輕重感／163
08 掌握分寸，避免語言的衝突／166
09 衝突發生後，不可口出惡言說絕話／169
10 可能不利己的話，可轉個彎說／173
11 拿不准的問題不要武斷／177

PART 5

## 妙用讚美，讓自己更受歡迎

01 言之有物，稱讚對方引以為榮的地方／182
02 讚美詞上要斟酌，千萬不要絕對化／186
03 背後讚美才是真正的讚美／190
04 讚美女孩，適當偏重能力與優點／193
05 選好恭維的話題，切忌空洞無物／196
06 避免陳詞濫調，追求新穎獨特的讚美／201
07 褒揚有度，避免過分阿諛／205
08 以第三者的名義讚美／208
09 推測性讚美，給人美好的感受／211
10 誇人減齡，遇貨添錢／216

# CONTENTS

## PART 6

## 怎樣說「不」，才能讓別人舒服

01 美言在前，讓對方面對你的拒絕前有個緩衝／220
02 詼諧言語，讓拒絕的場景變得愉悅／224
03 朋友的請求，要有選擇地拒絕／228
04 「恕我能力有限」——自貶的拒絕最有效／232
05 透過暗示，巧妙說「不」／237
06 怎樣拒絕，上司不氣／241
07 該說「不」時，不要猶豫／246
08 怎樣下逐客令，對方才會笑著走／250

PART 1

# 自我心理訓練：自信地用嘴去征服他人

# 01 認識自我，做個優秀的說話者

樂觀是希望的明燈，它指引著你從危險峽谷中步向坦途，使你得到新的生命新的希望，支持著你的理想永不泯滅。
——達爾文

二十世紀初，美國最著名的心理學家和哲學家威廉·詹姆斯就斷言：普通人只用了他們全部潛力的極小部分。詹姆斯把這當成是自己最重要的發現之一。「與我們應該成為的人相比，我們只甦醒了一半。我們的熱情受到打擊，我們的藍圖沒有展開，我們只運用了我們頭腦和身體資源中的極小一部分。」

說話的能力因人而異，有人沒怎麼學，就能脫口而出，有的人想學卻倍感吃力。但千萬不要因此而認為口才是與生俱來的，其實每個人都有尚未開發的潛能。我們必須認識到這一點，積極去挖掘自己語言能力的亮點，這是提高談話自信的基礎。

那麼自信從何而來，其實就是在一次次說話的過程中，不斷訓練自己的膽量而得來的。要訓練好說話的膽量，說話者必須具備良好的心理素質，說得具體一點，就是要求說話者既不盲目自信，也不妄自菲薄，做到不驕不躁，不卑不亢。做到這一點，就需要我們認真檢查並評價自己的說話能力。

其實，在生活中，大多數如我們一般的普通人都不能說是很會說話、很會駕馭語言的人，儘管大家多少有些長處，懂得些談話的常識與方式，但很難說有多少人去鄭重其事、科學地分析、研究過它，所以對絕大多數人來說，或多或少在某些場合都有不敢說話的毛病。而對於那些平時不敢說話的人，隨時隨地都有訓練他們說話膽量的機會。專門從事語言探索的學者，提出了如下二十個問題幫助分析我們的說話能力：

1. 是否口齒不清？
2. 聲調是否悅耳？
3. 是否見了別人就覺得無話可說？

4. 是否在某些人面前有很多話說，而在另外一些人面前就一句話也說不出來？
5. 是否遇見別人不同意自己的意見時，只能再三地重複已經說過的話？
6. 是否喜歡與他人發生爭執？
7. 是否常常被人認為「固執」？
8. 是否常常忘記他人的姓名？
9. 是否常用一些不太文雅的俗語？
10. 是否狼狽地看到自己的話使人產生反感情緒？
11. 是否能運用不同方式來對不同對象談同一個問題？
12. 是否很難找到一個大家都感興趣的談話題材？
13. 是否常說些別人禁忌的話？
14. 是否在說話時不注意敬老尊賢？
15. 是否未留意自己跟人談話的態度？
16. 是否根據別人的態度來調整自己的態度？
17. 是否無法引起別人的發言？

18. 是否無法使談話很順利地進行而不中斷？

19. 是否能夠很自然地改變談話的題材？

20. 是否不知道應在何處結束自己的談話？

學者還指出，假使你真的想解決自己不敢說話、說話膽小的問題，不妨按照以下方法持續練習三個月，說話膽量便可得到驚人的提高。

具體方法是用一個筆記本逐項地記下上面的每一個問題，並把自己過去的經驗如實記錄下來。例如，找出你在什麼人面前不敢說話的原因並記錄下來，再仔細想一想，記下自己跟別人說話時的情形，然後記下自己認為應該最先要改進哪一項。

若說話者能照此持續地做下去，一邊看筆記本，一邊研究自己的情況，然後不斷地鍛鍊自己，這樣就功到自然成了，大家一定要相信時間和堅持的力量。

### 語言大師 精華提要

認真分析並正確評價自己的說話能力，有利於說話者看到自己的長處，能認識自己的不足，並揚長避短，迅速提高自己的說話信心，增強自己的語言魅力。

# 02 突破自我，別讓恐懼困住你的舌頭

勇氣就是在恐懼和狂妄之間的一種氣質和平衡因素。恐懼會產生膽怯，狂妄會導致魯莽，而勇氣會使用權人們、使那些佛教徒勇敢地面對生活中不可迴避的痛苦。

——菲利浦．勞頓．瑪麗

心理障礙是阻礙說話達到預期效果的重要因素之一，常表現為恐懼或憂慮。我們常常可以聽到：

「我聽過許多報告，多數報告都有答疑的時間。即使我坐在聽眾中間，大多數人甚至不知道我是誰，但每當我考慮提出一個問題時，我的心就怦怦地跳個不停。整個手臂

感覺像木頭一樣，連舉手都很困難。」

「我的老師在每堂課上都喜歡提問。無論何時被叫到，我都會口乾舌燥。如果是一對一閒談，我能感覺好一點，但仍然會很緊張，我不願意說蠢話或去表達一個與眾不同的見解。」

「沒有比求職更糟的了。我花了六個月去找工作，真是令人痛苦。在等待會見時，我總是冒冷汗，額頭佈滿汗珠，腋窩也濕了，襯衫貼在後背上。還沒進辦公室就這副樣子了。」

是什麼讓這些恐懼落在我們的身上？為什麼要擔心？

簡單來說，大家都想獲得尊重，希望招人喜愛。可信和令人喜愛是進行說話的兩個重要因素，幾乎每個人都想從這兩點中獲益。不管我們已有多少，永遠也不會夠。

具體來說，造成這種緊張、恐懼心理的原因主要有兩種：

第一種，不想獻醜。這些人的想法是，只要我不在他人面前暴露自己的短處，別人也就不會知道我的缺點。而一旦在眾人面前說話，自己的粗淺根底、拙劣看法都會暴露出來，那麼從此以後，哪裡還有自己的立足之地？所以，不說話更穩妥。

不過，持有這種想法的人應該想一想，一個人儘量不暴露自己的短處，那麼他的長處又能充分發揮無遺嗎？如果自己的長處發揮受到影響，無疑也會影響到別人對你的看法——別人有時會以較低的水準來評價你。其實，只要你認真地發揮全力，誠懇地把話說出來，不必硬充內行，相信必然會有不錯的表現。

同時，現代社會的個體人具有高度的社會化，一個人無論是生活還是工作都絕對免不了要與社會接觸、與他人接觸，而說話則是人與社會接觸、與他人交流的最重要手段。所以，一個不想說話的人一定會為現代社會所不容，被社會淘汰。

第二種，不知道該如何組織說話的內容，就像被硬拉到一個陌生的世界一樣，所以感到驚惶。有的人是因為先天原因。有些人生來性格內向，氣質屬於黏液質、抑鬱質類型，他們說話低聲細語，見到陌生人就臉紅，甚至懷有膽怯的心理，舉手投足、尋路問津也思前想後。

還有一些教育不當的因素也占其中。有些家長對兒童的膽小不加引導，孩子見到陌生人或到了陌生的地方，便習慣性地害羞、躲避，沒有自信心。

當兒童進入青春期後，自我意識逐漸加強，敏感於別人對自己的評價，希望自己有一個「光輝形象」留在別人的心目中，為此，他們對自己的一言一行非常重視，唯恐有差錯。這種心理狀態導致了他們在交往中生怕被人恥笑，因此表現得不自然、心跳、靦腆。時間久了，便羞於與人接觸，羞於在公開場合講話。對此，應給予正確指導，鼓勵青少年大膽、真實、自然地表現自己。

對怯場心理的產生原因眾說紛紜。美國演講學家查理斯·格魯內爾提出了「自我形象受威脅」論。

「自我形象受威脅」論認為：每個人都具有理性的、社會的、性別的、職業的自我形象。當人們進行演講時，就把自我形象暴露於公眾面前。由於擔心自我形象會因為演講而被毀壞，於是產生了窘迫不安的怯場心理。

例如，一九六九年，兩位從事演講學研究的教授在紐約開會，當他們向大會報告論文時，因為怯場而暈倒。「自我形象受威脅」論解釋這種現象的產生，是因為兩位教授的職業自我形象在諸多同行面前受到了嚴重威脅。

恐懼或憂慮會阻礙我們說話的嘗試。有時保持安靜較容易，退縮在「殼」裡可以掩飾自己的軟弱。但是，那樣意味著我們將錯過無數次開口說話的機會，我們的觀點將不被注意，我們的力量將得不到認可。

做下面這個診斷式測驗，來找出恐懼在何處阻礙了你的說話：

## 診斷性自我測試：指出你的恐懼

用「是」或「不是」回答下面五個問題

1. 單獨出席聚會你會感到侷促不安嗎？
2. 你願意表達一個與別人不同的觀點嗎？
3. 你在拒絕朋友要求你做某事時感到困難嗎？
4. 你對洽談購買價格或合約感到不情願嗎？
5. 你在打電話給別人時總是避免要求什麼嗎？

只要我們看清自己緊張、恐懼心理的原因，科學地分析它，就會意外地發現根本沒有什麼好怕的。隨著你自信程度的增加，你的說話能力也會得到增強。

**語言大師精華提要**

每個人一開始在眾人面前說話都會心生膽怯，這種膽怯經由平時的訓練是可以逐漸減少甚至完全消除的，我們在平日裡應該適當遏制自己的膽怯心理，並逐漸讓自己以自信的狀態開口。

# 03 放心！怯場不是你一個人的事

要想辦成事，就得丟開膽怯，誰畏於啟口請教，誰就得不到指教。

——羅伯特・赫里克

善於言辭、談吐自如，無疑對每個人的事業與生活都裨益無窮；能言善辯、口若懸河的演說家，更是令人艷羨，使人崇拜。但是，在我們的生活中畢竟不是每個人都擁有高超的語言技巧，我們周圍也確實不乏不善說話、沉默寡言的人。

隨著人類社會的不斷發展，人類文明的日益繁衍，人類的語言也漸趨複雜化、技巧化。同時，由於有些人天生性格內向、性情孤僻，這樣便有人產生了對說話的膽怯心理。

「我總是不敢在人面前講話、發言，那會使我心跳加快，腦筋一片空白……」有人坦然地承認自己說話的膽怯，而且對此頗為苦惱。

不過，往往每一個說話膽怯的人都以為怯場的只有自己，以為別人並不會怯場，總是在想：「為什麼只有自己這樣呢？」其實，怯場並非某個人特有的現象，而是人人如此，只不過別人對於怯場狀態沒注意而已。

心理學家們經由研究發現，人或多或少在說話方面有些不健康的心理，而緊張和恐懼便是這些不健康心理的突出表現形式，是影響人們進行正常說話和語言交流的明顯障礙。可以說，人人都可能在說話前後或說話過程中出現緊張、恐懼心理：性格內向、沉默寡言者如此；天性活潑、思想活躍者如此；即便是演說專家、能言善辯者也不例外。

一位代表班級參加演講比賽的年輕女孩，一站到講臺上，臉就漲得通紅，兩腿微微顫抖，說話的聲音變調，呼吸也顯得急促起來。她剛說幾句就忘詞了。她越發感到恐懼，好像所有人的目光都像利箭一樣射向她。

她想儘快躲避，但又不甘心臨陣脫逃。她不能當眾出醜，給班級丟臉，可是她唯一能感覺到的只有心跳加快，而且腦子裡一片空白，早已背熟的語句全都飛得無影無蹤。

她放棄了這次演講，跑回自己的座位坐下。直到演講比賽結束，她都不敢把頭抬起來。

一位即將畢業的研究生，作為見習老師第一次登上講臺，當學生起立，師生互致問候時，他想好的開場白不知跑到哪兒去了。驚慌中，他用顫抖的聲音說了句：「同學們，再見！」同學們莫名其妙，面面相覷。只見老師滿臉通紅，不知所措，不由得哄堂大笑。他努力讓場面安靜下來，但額頭上已經涔涔的汗珠。

縱覽古今中外，很多政治家、演說家最初都有過怯場的經歷。就拿林肯來說，他當年在演講臺上窘迫不已，恐懼得甚至連一句話都說不出來，直到被轟下臺去。

又如雅典著名的演講家狄里斯，在最初走上演講臺時，儘管經過周密細緻的思索，做了充分的準備，但仍然遭到失敗。極度的恐懼讓他語無倫次，使別人不知道他在說什麼。

連大演說家們都有怯場的經歷，更何況一般人呢?可見，怯場是一件非常正常的事。如果有不論在何種場合，氣色都毫無變化、心臟的跳動也完全沒有變化的人，那才是異常。

怯場有可能發生在每一個人的任何一次與他人的交談中，而絕非個別人語言方面的缺陷。那些常因自己說話膽怯而煩惱的人，大可不必為此擔心，而應該振作精神，努力克服這種困難。只要擺正了心態，勤加練習，怯場是可以被克服的。

## 語言大師 精華提要

瞭解了「怯場」並非你一個人的困擾，而是很多人乃至很多名人都會遇到的問題，你是否感覺不再那麼緊張了呢？其實只要你有一次能夠戰勝自己的緊張和焦慮，成功地克服恐懼，你就會發現，這其實是一件很簡單的事。

# 04 放鬆自己，緊張感也可以為你所用

在緊張的行動中間，言語不過是一口冷氣。

——莎士比亞

講話者在登上講臺之前，經常會過早地感到緊張。對大多數人來說，這種緊張的狀態從接受講話邀請時就已經開始了。通常，我們參與活動的時間越長，緊張的狀態便持續得越長，症狀也越嚴重。

人們在眾目睽睽之下會感到不舒服，這是一種典型的情況。無論地位高低還是個性好壞，都無一例外。但對於講話者來說，緊張有時是合理的表現，有時則不是。可能會

擔心自己的選題或資訊無法迎合觀眾的期望或需要；擔心觀眾會抨擊講話品質，對內容的可信度提出質疑，或提出一些我們無法回答的問題；意識到自己的陳述有錯誤，或遺漏了關鍵的資訊。即使對講話的題目瞭若指掌，對自己的講話資格滿懷信心，也會擔心自己表現不佳，進而產生尷尬的局面，而只有觀眾能夠察覺到這種緊張和尷尬。

講話者如果缺乏適度的緊張感，就無法分泌出足夠的腎上腺素，來幫助他調整到巔峰狀態。要做一場精采的當眾講話，竅門就在於，讓你的緊張情緒為你服務，這就是緊張感的反利用。想像一下，當你渾身緊繃時，分泌出的大量腎上腺素就會成為你完成精采講話的催化劑。是的，有時你會感到自己的肢體已經失控了。你可能會體驗到如下甚至更多的症狀：心跳加速、手心冒汗、嘴唇乾澀、兩腿發軟、肌肉抽搐、呼吸急促、聲音發顫、胸悶噁心……但是，無論你感到多麼緊張，永遠不要告訴你的觀眾。如果觀眾察覺到你的不適，他們會為你擔心，就像父母觀看自己的兒女在學校舞臺上扮演角色時一樣。要是你放任自己緊張，他們就會轉而注意你顫抖的雙手，而非專注地聽你的演講。要記住，在一般情況下，你的緊張情緒並不會明顯到被人看出來。

有時候，我們在講話時喪失自信的原因是缺乏觀眾的回饋。在對一人的談話中，我們能得到即時的回饋：對方會抬抬眉頭、皺皺眉頭、爭論、微笑、點頭或者確認你的觀點。而在一群人面前講話時，我們經常會因為缺少這樣的回饋而若有所失。這就好像摸石頭過河時，看不清水面下的石頭，你每走一步就會有點緊張，直到你的腳踩平穩了為止。

要想控制住緊張情緒，就要提醒自己永不放棄。如果你被恐懼打敗，就會有大麻煩。所以，你要深吸一口氣，拒絕緊張感佔據自己。在講話時，也應該不讓自己邁出退縮的第一步。與其擔心自己會如何尷尬，不如將注意力集中在演講的話題上，反覆回憶並演練自己演講的要點，而不是把那些困難思來想去。有些人能利用緊張提高情緒，進而沖淡恐懼，某位電視節目主持人對這種方法頗有體會。

這位節目主持人曾經主持過一個歌唱節目，節目中經常邀請各地方的人來到直播室，輪流唱兩、三首鄉土歌謠。大家在排練時都非常賣力，並不緊張，但等到排練結束，休息一個小時後，布幕垂下來了，參觀的賓客漸漸增加，表演的人就開始緊張了。

透過布幕，可以聽到觀眾的吵鬧聲。等到開幕前的五分鐘鈴聲響起，第一批上場的人就依規定集合在舞臺左右兩邊。此時，其中有幾個要表演的人，以顫抖的聲音對節目主持人說：「我好緊張啊！真羨慕你，一點都不怕。」

每當遇到這種情況，節目主持人總會回答他說：「如果有人不會緊張，那他該去看醫生了，因為他的神經可能有點問題。雖然我看起來很鎮靜，但事實上我也相當緊張呢！你們看，我的腿不是正在發抖嗎？」

「真的啊！跟我們一樣嘛！」就在一陣笑聲中，大家的緊張情緒得到了緩解。

所有的演員、歌星、演說家，在即將上臺或在錄音之前，都會感到緊張。這並非主觀臆斷，而是很多名人都自己承認這種說法。

「如果不緊張，就不是歌星了。因為每次在上臺前都必須認真地準備，說不緊張是騙人的。」有位歌星如此坦然地道出了她的心聲。

「我總是很緊張，臺下的觀眾也跟我一樣，這種關係一直持續下去，才能達到表演的最佳狀態。」一位演員也這樣承認。

「我好緊張啊！」許多廣播或電視節目主持人在節目開始前都不免會這樣訴說。

不難看出，以上這些人都有一個共同點，那就是：即使心中很緊張，也絕不掩飾，反而把心中的壓力狀態開朗地暴露出來。這麼做，倒可以把緊張的心情一點一點地排除。面對緊張，不退縮，反而會讓自己興奮起來，利用對這種情緒的把握，可以使自己達到最完美狀態。

### 語言大師精華提要

面對別人內心緊張也不一定全是壞處，只要找到適當的方法，也可以利用這種緊張的心態，幫助我們更好地發揮。

# 05 冷靜分析你的聽眾，切勿看輕自己

恢弘志士之氣，不宜妄自菲薄。

——諸葛亮

加強對於對方的認識，可以提高自信心。說話的卑怯現象，從本質上說是對對方評估過高引發的。過高地評價對方，悲觀地評價雙方的關係，進而看輕了自己，產生距離意識和崇拜意念，此時既卑且怯，也就自然而然了。

我們要加強對於對方的認識，切勿給對方過高認定，更不要神化，要還其本來面目，把他看作一個平常人。談話者都是平等關係，發言也以講民主為宗旨，不要人為把

雙方的地位拉開。正確認識自我，擺正自己的位置，提高自信心，這樣還會有卑怯心理嗎？

我們可以拿演講來作為分析的例子，從參加演講會的目的來看，聽眾大致可分為以下幾種類型：

**一、慕名而來**

一般群眾對各類名人都懷有敬仰、欽慕之心。因此，當著名政治家、科學家、演講家、體育明星、影視明星等發表演講時，往往有大批聽眾慕名前往。此類聽眾的主要目的大多是為了一睹名人風采，他們一般不太計較演講水準的高低。同時，潛在的崇拜心理，往往使名人們的演講在聽眾中激起異乎尋常的熱烈反響。

**二、求知而來**

為了獲取新的知識和能力，聽眾會自覺選擇那些滿足自己求知欲的演講。學術講座、技術輔導、國外見聞等演講能夠吸引大批聽眾的原因，正是因為這些演講滿足了聽眾的求知慾望。此類演講只要內容充實，條理清晰，聽眾一般不會過於挑剔演講技巧。

**三、存疑而來**

聽眾對自己渴望瞭解的演講話題總是抱有極大的興趣。例如，調整工資、保健回答、產品介紹等演講，如果關係到聽眾的切身利益，聽眾會十分主動地參與演講交流過程。此類聽眾只要求演講者把演講內容交代清楚，他們對演講者的身分、地位和演講水準不會有太苛刻的要求。

**四、捧場面來**

有某些演講、特別是命題演講比賽中，往往有一些演講者的同學、同事和親屬前來助威和捧場。這類聽眾的人數雖少，但在渲染演講會場氣氛、調動其他聽眾情緒方面卻能起到極其重要的作用。演講比賽和體育比賽一樣，東道主往往因「地利、人和」而佔據優勢地位，其主要原因是擁有自己的捧場者。

**五、娛樂而來**

年輕人喜歡演講比賽，是因為演講場上充滿了激烈的競爭和熱烈的氣氛，具有一定的娛樂性。僅僅「看熱鬧」這一條理由就已經能夠吸引許多熱心的聽眾。不過，在為娛樂而來的聽眾潛意識中，隱藏著他們對高水準演講者的崇拜和學習演講的慾望，這是一批公正的聽眾。

六、不得不來

工作報告、經驗交流、各類慶典的會場上，有相當一部分聽眾是因為紀律約束或出於禮貌而不得不來的。這類聽眾對演講內容不甚關心，演講過程中心不在焉，反應冷漠。要征服這類的聽眾，演講者必須具有較高超的演講技巧。你只需將主旨說透，略顯生動即可。

由此可見，當眾講話也不是那麼值得讓人緊張的，聽眾無非就是那幾類，好刁難，故意找錯，或者水準超高的聽眾是少數。只要認清了對方的水準，自卑怯懦的心理自然就會得到釋放。

**語言大師精華提要**

其實，聽眾也都是普通人，只要你冷靜地對其加以分析，可以很好地把握與其交流的尺度，慢慢的你就會逐漸變得有自信，表現也將會越來越好。

# 06 心理暗示，始終讓自己保持積極的心態

只要堅持積極的理想，就能產生奮鬥的勇氣。

——舒勒

以心理暗示進行心理放鬆。心理的毛病用心理的方法去矯治最直接、最有效。心理卑怯現象是心理誇張性感受所致，必須讓心理感受重新歸位。要達到這一個要求，需要採用心理暗示的方式，對於對方有客觀、正確的認識，對自己做準確、公正的評估，這樣就能保持清醒，樹立信心。當別人說話顯示出我們沒有的優勢時，我們可做這樣的暗示：這是他的優勢所在，我同樣也有優勢，一樣是他比不上的。

比如，演講時（其他的說話場合也是同樣道理），演講者首先要對自己的演講題材和演講效果充滿自信，要在精神上鼓勵自己去爭取成功。演講者可以用如下幾句話反覆暗示、刺激自己：「我的演講題材對聽眾具有極大的價值，聽眾們一定會喜歡。」「我非常熟悉這類的演講題材，我一定會成功。」「我準備得非常充分了。」演講者不應在上臺演講前考慮過多可能導致演講失敗的因素，如「忘了演講詞怎麼辦？」「聽眾嘲笑我怎麼辦？」這種負面的自我暗示往往會產生暗示的結局。

關於克服當眾怕羞的心理，卡內基先生最有經驗，而在他的眾多經驗中最基本的經驗就是：「你要假設聽眾都欠你的錢，正要求你多寬限幾天；你是神氣的債主，根本不用怕他們。」現代實驗心理學證明，由自我啟發、自我暗示而產生的學習、行為動機，即使這動機是佯裝的，也是導致學習、工作取得良好效果的有力手段。

樹立自信的方法之一，就是要記住自己是被邀請來講話的。有人相信你的能力，相信你對這一論題十分精通。提醒自己，如果在座的觀眾中有人比你更權威，他們早就該被邀請來做演講了。

我們應該想到恐懼是後天的反應。兩歲大的孩子在過馬路時不會懂得害怕，直到有人猛地把他拉回來，警告他過馬路有多麼危險。同樣的，當我們第一次看見同學站起來背誦詩歌，發現他突然哽住，變得慌張窘迫，以致全班發出陣陣的竊笑時，我們懂得了當眾講話時的害怕。既然緊張害怕是後天學會的，那麼它也是可以被忘卻的，或者至少是可以被控制的。

**語言大師 精華提要**

積極的心態在交流的過程中有著十分關鍵的作用，可以幫助我們更好地應對交流中出現的難題。所以，我們一定要儘量讓自己保持積極的心理狀態，方法除了暗示以外當然還有其他，比如轉移注意力等等。

# 07 不斷練習，不放過每一個鍛鍊的機會

勤加練習，而且一定要把學到的知識運用於日常生活中。
——佚名

口才不是與生俱來，也不會從天而降，就像莊稼需要施肥、道路需要整修，口才也需要培養。有人曾對邱吉爾的口才進行各種分析，他的兒子卻一語中的：「我的父親把自己一生中最寶貴的年華，都用在寫演講稿和背誦演講稿上了。」

世界上沒有天生的演說家！邱吉爾被譽為「世紀的演說家」確實是當之無愧，但人們可能忘了，他是完全靠自學成才的演說家，他原先講話結巴，口齒不清，根本就不是

當演說家的料。他本人身高約一六五公分，沒有堂堂的儀表和風度，聲音難聽。邱吉爾沒有受過大學教育，他曾經在下院最初的一次演講中，講了一半便垮下來了……然而，最終他卻成了舉世皆知的雄辯演說家。

先天不足後天補，完全是做得到的。邱吉爾的成功，除了刻苦、勤奮、堅持不懈的努力，別無他法。發明大王愛迪生說過，天才是百分之一的靈感和百分之九十九的汗水結晶。先天的天賦固然重要，但後天刻苦的鍛鍊更為關鍵。

在實踐中磨煉口才，以堅強的意志作為通向成功的基石，用汗水澆灌成功的花朵，勤奮的苦練加上技巧，一定會成功。著名教授威廉・詹姆士說過：「我們只是半醒著。我們僅僅在使用我們體力和智力的一小部分。說得明白一點，人類就是一直這樣畫地為牢，生活在自己的圈子裡。人具有各種力量，但往往未加發揮。」這些力量我們每個人都有，只是沒有得到充分發揮，卻對這些力量置若罔聞，真是太可惜了！

有的人經常抱怨想練習口才卻找不到機會，其實，路就在腳下，練習口才的機會隨處可見。我們每天都要見人，都要說話，所以到處都是練習的機會。千萬不要以為日常的說話不需要什麼口才。其實，練習口才的人應該把每一句話都說好，口才好的人一開口就能說上一句好話、一句動聽的話。這恰如練習書法的人一樣，必須先練好每一個字。一個書法好的人，一動筆就能把一個字寫好。所以，不能輕視那些日常生活對話。就是這些極簡單抽象的日常對話，口才好的人和口才不好的人，說起來都是截然不同的，即使只是「哼」的一聲也迥然有異。

家庭是練習口才的第一個場所。當你在家裡的時候，你能給自己的孩子清楚的講一個寓言故事嗎?如果不能，就得去找一本兒童文學看看，再來訓練，並夾些有用的趣味知識講給孩子聽，使其覺得有趣而想聽。這樣你便會漸漸瞭解孩子的語言，懂得如何並敢於與他們交談了。

另外，家庭不免會有些經濟收支問題、子女教育問題、衛生保健問題、飲食起居問題，你能平時就這些問題與你的另一半好好談談嗎?如果你能時常提出一些有益的意見或幫助對方解決一些或大或小的困難，那說明你的口才練習有了明顯進步。社會是由男性和女性組成的，男女間的相互交往、夫妻間的良好相處，都是練習口才的極好途徑，而且最方便訓練你的說話膽量。

廣結良友，與朋友頻繁往來，是練習口才的又一途徑。無疑，每個人都多少會有一些朋友，這些朋友可能來自不同的地方，處於不同的年齡，屬於不同的階層，從事不同的工作，因此與他們相處時會遇到各種不同的問題。比如：小張近日要結婚；老李的兒子考取了大學；老王的小商店近幾個月都沒什麼起色；趙某某最近經濟上出了點問題；某某家中昨晚遭小偷了……每個人都有各自的快樂和苦惱、失敗與成功。我們為了練習好自己的口才，訓練自己的說話膽量，最好去瞭解他們的各種情況，好好找他們談談，儘量想出如何幫助、開導、啟發他們的談話內容來。這樣，無形之中，你擁有的朋友，你瞭解的談話內容都會漸漸地增多，那麼說話的膽量也會漸漸大了起來。

陌生的場合也是練習的最好場所。每個人都免不了要參加一些社交活動，如果我們參加的社交活動是陌生者的聚會，那可以說就是訓練說話膽量的很好機會。在這種陌生者聚會的場合，我們想與人說話的機會和方法是很多的。

大家相聚時，不外乎出現兩種情形：一是有的人在交談，而有的人卻孤零零地待在一邊；二是大家都三五成群地在一起交談。如果仔細觀察，發現有人也像自己一樣，孤單單地坐在某個角落，那麼就大膽地走上前去，向對方介紹自己。這時候，除了某些特殊原因之外，對方多半是歡迎我們的，因為他正感到孤單寂寞。而且，無論他是真的需要和我們談話，還是僅僅為了解除一下自己孤獨寂寞的窘況，他都會願意跟我們交談，這是人之常情。

另外一種情形，就是當我們發現聚會的人都是三五成群，這裡一堆那裡一組正火熱交談時，不妨觀察一下，然後選擇一個自己看起來有共同點也最容易接近的一組，靠近他們坐下來。

在開口之前，不妨先仔細聽一聽他們正在談論什麼，觀察一下講話人的人品、風度，來判斷自己參加是否合適。如果覺得這一組不合適，可以再到別的組去試一試。在這種陌生人聚會的場合鍛鍊幾次，下次再碰到陌生人，也就不至於生疏、膽怯了。

如果我們想與陌生的人談談，只要肯先開口，自己掌握好開口的有效時機和方法，就一定會達到預期的效果，因為沒有人會拒絕我們友好的笑容和悅耳的聲音。

另外，主持會議或在會議上發言，或者參加社交活動也是練習口才的絕佳機會。會議語言是一種很好的磨煉形式，能迅速增加你的說話功力。

總而言之，說話的機會到處可見，只要多留心我們周圍的事情，便會發現，沒有哪種商業、社交、政治、副業甚至鄰里間的活動是你不能舉步向前、開口說話的。只要我們能夠主動開口說話，並且抓住一切機會說，即便一開始時比較艱難，但也會在多次嘗試之後熟能生巧，最後成為健談者。

## 語言大師 精華提要

知道自己在語言交流掌控中有所欠缺，不能自暴自棄，而是應該多加鍛鍊，利用一切可以利用的機會，讓自己大膽地說出口，長此以往，我們也能夠成為出口成章的社交達人。

# 08 把握技巧，培養當眾說話的自信

最好你們能獨立處理事情，這將使你們獲得自信心。

——恩格斯

當眾說話，自信是必不可少的，它決定你這次講話能否出色與成功。說話時保持自信是需要在每時每刻的生活中訓練出來的，如果熟練的專業技能和得體的妝扮仍然無法帶給你足夠的自信，那就需要更多的自我表現。

通常失敗感和沮喪感，是因為受到打擊或害怕承擔風險所導致。而人性中普遍存在著冒險的「動力」本能，在正確發揮作用時，它能驅使我們信賴自己，並利用機會發揮我們自己的創造潛力，在我們有信心有勇氣地行動時它才有機會發揮出來。記住，當你認同自己的專業能力、聰明智慧時，別人也會以同樣的態度對待你。具體方法是：

**一、練習大膽表現自我**

把自信心視為肌肉，需要定時持之以恆地鍛鍊，如果稍有懈怠，它很快會鬆弛。和不期而遇的人進行一對一交談，是很好的開始，從和水電工、超市收銀員接觸開始吧！

**二、想像自己是完美的化身**

這是許多名模、影星在表演之前慣用的伎倆。同樣適用於工作職場，面對大客戶或提案，先靜坐，從心中默想曾有的愉悅感覺，比如曾經聆聽的悠揚樂章，愈具體效果愈好。

**三、說話時語氣要堅定**

很多人說話時都犯過急促的錯誤，說話的訣竅在於音量適當、語調平穩，速度不急不徐，此舉顯示你對說話的內容信心十足，利用呼吸換氣時斷句，可以避免許多不必要的嗯啊等語病，內容會顯得流暢有條理。切忌以疑問句結束陳述事實的語句，以免影響語氣的堅定。

**四、仿效偶像**

學習你所仰慕的人具有的美好特質，可以是影星也可以是政治家或外交家，只要他具備你所希望擁有的特質，均可模仿。

**五、以得體的妝扮來加深留給他人的印象**

選擇適合氣質的服裝、髮型、化妝，甚至香味，展現完美精確的專業形象。特別在顏色上多注意，不同的色彩有不同的語言，可以善加運用，深色系代表權威信賴；亮色則引人注目；暖色系則傳達溫柔且易於親近的資訊，如果你想增加自信與親和力不妨選擇深色服裝，搭配淺色絲巾或圍巾等。切忌穿著過於暴露或大膽的服裝，例如緊身短裙或V領低胸上衣，不僅容易讓人想入非非，也會使你因穿著而分心。

**六、以擁有者的態度走入每間屋子**

走路的姿態常不自覺地洩漏你的祕密，昂首闊步，抬頭挺胸，彷彿一切都在你的掌握中。想像你擁有這個空間，當你舉步時，回想過去曾自信的感覺。

**七、不要向你的焦慮妥協**

掌握害怕的根源。害怕時會有生理反應，冒冷汗或呼吸急促。當你知道所有可能會有的徵兆，就可以透過一些放鬆的小技巧克服它。

## 八、要準備犯幾個小錯誤

為了得到你想要的東西，有時可能要稍微受一些痛苦，但不要自輕自賤。如果有把握之後再去行動，就什麼事情也做不成。你在行動時隨時都可能犯錯，而所做的決定也難免失誤。但是絕不能因此放棄我們追求的目標。

你每天都必須有勇氣承擔犯錯誤的風險，失敗的風險和受屈辱的風險。走錯一步總比在一生中『原地不動』要好一些。你一向前走就可以矯正前進的方向；大部分的人不知道他們實際上有多勇敢。事實上，很多潛在的男女英雄一生都在對自我的不信任中度過了。如果他們知道自己潛在的能量，那將有助他們產生解決問題甚至克服巨大危機的自信心。

記住，你有這種能量但若不付諸行動、不給它們釋放出來為你服務的機會，永遠不會發現這些能量。

## 九、處理「小事情」也要鼓足勇氣、採取大膽的行動

不要等到出現重大危機時再去當大英雄。日常生活也需要勇氣——在小事情上鍛鍊

勇氣，才能培養出在更重大場合勇敢行動的力量和才能。

## 十、以恰當的態度接受恭維

大部分的女性有所謂女性自我貶抑傾向，總習慣性地將別人的讚美向外推拒，這樣一來，很容易將自己由主動參與轉換成被動接受者，這是很不明智的。下次當有人恭維時，記得以「謝謝」來代替「你太客氣了」或「那其實很簡單」這類的客套語，因為太謙虛也會有損妳的自信。

### 語言大師 精華提要

說話除了心態外，技巧也很重要。怎麼才能把握好說話的技巧呢？平時一定多練習，鍛鍊自己的膽量，讓自己在面對公眾時有足夠的自信開口。

# 09 創造輕鬆和諧的談話氣氛

同志間要是沒有和諧的氣氛，一切都難以順利展開。

——俄羅斯諺語

有時候，在路上見到以前在一起玩過的同事，竟然低頭不語，裝作沒看見，自顧自地走過去。乍看起來，似乎覺得這種人很沒有禮貌。其實不然。他們並不是高傲不理人，而是害羞、膽小，連很普通的招呼都不知道該怎麼打，也不喜歡有事沒事都露出一臉微笑，所以，見人只好假裝沒看見。像這種沒有表情的人，除了可以和三、四個密友談天說笑之外，面對其他的人，就不知道該說些什麼，無法與不熟悉的人自如暢談。

其實，一個人說話膽量的大小，說話水準發揮得如何，與說話時的氣氛很有關係。說話時的氣氛好，人的興致便高，情緒便較高昂，談興也會較濃，這樣便會使人放下包袱，傾心暢談。反之，說話時的氣氛不好，人的情趣就很難調動起來，人一覺得乏味，也就不會有什麼好的興致說話了。比如，當我們在與家人或親友交談時，一般氣氛都比較好，這樣幾乎不需要思考，就能根據報紙上看的、電視上說的、街上聽的關於昨天、今天或明天的重要或一般的事情，聊個沒完，還能越聊越起勁。

但是，當我們在遇到初次見面的人、地位顯赫的大人物、神祕的談話對象時，往往大家都很拘束，很難一下子就形成良好又輕鬆的氣氛，這樣談話就沒有那麼順利了，而且因為氣氛不好，還有可能使自己腦筋一片空白，完全想不出該說什麼話。

所以，為了讓我們的說話膽量很好地提升，為了能讓自己成為一名具有較好口才的人，我們在與他人說話時，要設法創造一種輕鬆和諧的說話氣氛。

熱情是這種氣氛所必不可少的元素。你最好鑽出自己的殼，熱情主動地與人交往。不要讓冰霜結在你臉上，把冰霜融化掉，方法是說些有趣的事。不論是哪種季節，在何種社交場合，熱情的力量都會說明你創造了一種愉快氣氛，並且讓它有人情味。你也可以適當開開玩笑，在笑聲中解開緊張的情緒，這種方式很容易使氣氛達到高點。

各位也許在電影或在日常生活中，看過男女雙方第一次見面時手足無措的情節。男女相親，雙方默默無語，好不容易一方正要開口說話時，另一方也正好想說些什麼，於是兩人同時張開嘴巴，又尷尬地同時閉了口。過了一會兒，同樣的事情又重演了。不過這都是出在別人身上，如果真的發生在自己身上，其慌張失措的窘態是可想而知的。

一九三五年三月二十七日，高爾基在蘇聯作家協會理事會第二次全體會議上作了一次簡短的講話。在記錄稿上多次出現「鼓掌」、「笑聲」字樣。這證明他成功地利用風趣創造了一種說話的氣氛，並緊緊抓住這個氣氛反過來使自己的講話更為精采。下面所引的，是他在批評某些詩作缺乏生活時所說的一段話：

「同志們，詩人多得很，但是具有巨大詩才的在我看來卻太少，他們寫的詩長達幾公里。（笑聲）」

「我不想談偉大的詩歌和大詩人，我在這方面是外行，我失掉了這方面的鑑賞力，我念詩也很費力（笑聲）……不久以前，我在一個作者的作品裡找到了這樣的句子：『他舉起手，想摸摸她的肩膀，正在這時候，無畏的死神追上了他。』（笑聲）說得多彆扭。」

看了這段關於當時講話的記錄，儘管我們無法看到當時大會會場的情景，但仍感受到洋溢著熱烈的氣氛，聽到了歡騰場面中的開懷朗笑。那不絕的笑聲不但吸引了當時在場的聽眾，也吸引了幾十年後的我們。可見，透過調笑創造說話的氣氛，是如此的重要。

初入社會或剛參加工作的人，在偶然的機會裡與著名人士相見，常會覺得緊張、害怕，不知道該說些什麼話。特別是那些經驗較少的人，會一直低著頭，就算被對方問到一些事情，也只是作簡單而呆板的回答。

另外，我們也有可能被事先安排要見某些重要人物。遇到這種情況，如果我們可以事先收集並研究有關對方的資料，那麼，不管對方問到什麼，都不容易出錯，或者茫然不知所措。但是，這種類似考試前臨時抱佛腳的心情，在面對知名人物時還是會緊張，當被人家問到一些問題時，也只會回答「是」或「不是」。

我們現在所處的社會，是具有高度民主的社會，再怎麼有名的大人物，也跟你我一樣是人。我們應該對他們表示敬意，但卻不必畏縮、恐慌。只要把他們當成自己的親戚或師長，很自然地與之進行對話就可以了。說話的時候，不必害怕或緊張，應該泰然自若，以尊敬而明朗愉快的語調和知名人士交談，這樣就可以創造出一種輕鬆和諧的氣氛了。

總之，我們無論在什麼情況下與什麼人說話，創造輕鬆和諧的說話氣氛都很必要，也很有好處。

**語言大師 精華提要**

與人交流的過程中，我們應該有意識地創造良好交流氛圍，這樣可以使得在場的所有人在相對和諧的環境下保持良性的溝通，我們自己也不會再緊張了。

PART 2

# 增強說話氣勢，撼動人心

# 01 言辭有力，震懾對方心靈

作為一種感人的力量，語言的美產生於言辭的準確、明晰和動聽。
——高爾基【蘇聯】

經由實驗證明，聲音的大小和周圍的人感覺到此人的自信程度有很大的關聯性。聲音洪亮，別人就會覺得你充滿自信，言辭有力，才能威懾對方心靈。凡是被評價為有說服力的演講、演講者的聲音都是振奮有力的，所以要達到說服的目的，除了說服的方式外，語言的氣勢也很重要。大聲講話可以提高自己的說服力，那麼聲音越大效果就越好嗎？

增強說話氣勢並不是說話聲音越大越好，心理專家告訴我們，只要讓自己的聲音比對方稍高就足夠了。在與他人爭論時，如果增加自己說話的音量，必然會給對方一種威懾力，進而在心理上佔據有利地位，反之，如果對方的聲音超過自己，我們就會被對方的氣勢所壓倒。

所以我們要根據對方聲音的大小，來調整自己的聲音。如果對方聲音小，我們也可以小聲點，只要保持比對方的聲音稍高就行了；如果對方說話聲音很大，我們就要提高自己的聲音；當然我們也不必都用很大的聲音，這樣會顯得生硬而不禮貌。

除了說話的聲音要比對方高外，在說話的力道上，也要振奮有力，引人關注。在古代，一篇言辭有力的檄文常常會使一國一軍投降。諸葛亮的《出師表》言簡意賅，字字血，聲聲淚，催人振奮，直至今日，依然放射出燦爛的光彩。

在商業社會中，從可口可樂公司與百事可樂公司的廣告戰中，我們可以深切地體會到言辭有力所能達到的巨大攻心作用。

可口可樂飲料誕生於一八八六年，深受人們的喜愛和追捧。它在二十世紀的二〇年代的廣告詞是：「停下來喝一口，精神百倍！」到了三〇年代，可口可樂公司有了競爭對手，尤其是百事可樂打出了「多倍多雙倍好」的廣告詞，因為價格相對便宜，深受年輕人的喜歡。

可口可樂公司也幾度改變廣告詞。一九五六年：「可口可樂好東西更可口」；一九五七一年：「美味的標誌」；一九五八年：「冰涼有勁的可樂滋味」；一九五九年：「真正的提神」。直到一九六四年，百事可樂打出了經典的廣告詞：「百事可樂的新一代」，往後依次維持了二十年。可口可樂也不示弱，於一九七九年打出了「喝口可樂，笑一下」的口號，一九八一年改為「這就是可口可樂！」進而又打了一次漂亮仗。

他們正是透過這些振奮有力的廣告宣傳口號，吸引了人們的追求和喜愛，可見，在表達的過程中，言辭的力度非常重要。

語言大師 精華提要

利用振奮有力的言辭，可以吸引人們的關注，而且也能從一定程度上達到強調作用。

# 02 說話語氣弱，力度就不夠

去做你害怕的事，害怕自然就會消逝。

——愛默生【美國】

想知道你剛剛接觸到的人是什麼樣的人，我們可以經由對方說話的內容和語氣獲得相關的資訊，然後以此為憑據，進行分析、思考、歸納、總結。

在絕大多數情況下，人們對外界事物的認識、看法以及內心的情感，都是透過說話的方式穿出去的。一般來說，充滿自信的人，談話時多會用肯定語氣；缺乏自信或者性格軟弱者，說話的節奏多慢條斯理、有氣無力，而那些喜歡用不確定語氣結束話題的人，通常害怕承擔責任。經常使用條件句的人，如「這只是我個人的看法」、「在某種情況下」，「不能一概而論」等等，大多屬於怕得罪人的個性畏縮者。

中國現代著名文學大師郭沫若的歷史劇《屈原》中，嬋娟痛斥宋玉的那句「你這沒有骨氣的文人」遠比原來「你是沒有骨氣的文人」顯得有理。一字之差，語氣變得更加有理，使語言有了強烈的感情色彩。有這個例子我們可以看出：在與人交談時，我們要增強說話的氣勢，就應該掌握好說話的語氣節奏。說話力度不夠，就很難以撼動人心。一個人只要駕馭了語氣，就能後出口成章，而駕馭語氣是十分複雜的技巧。我們一方面要站穩語氣的特點，又要根據不同場合調整語氣，這樣才能取得良好的談話效果。

如果想讓自己的話聽起來有氣勢，那麼就應該多使用前面這些語氣較強的詞。語氣較強的詞能表現你的力量，肯定語氣則可以表達出很強的氣勢和力量。「很」、「確切」、「最」、「絕對」、「一定」等詞的語氣都比較強；語氣較弱的詞就很容易暴露出性格上的弱點，「可能」、「一點」、「稍微」等詞的語氣則比較弱。

可以用一些讓人放心的言辭，以增強你的好印象。「下班之前你能把稿件交給我嗎？」當老闆這樣問你時，如果你回答「嗯，差不多吧」或「儘量吧」，老闆會覺得你做事沒自信。

氣勢，有時候要懂得必要的偽裝，「絕對可以完成！」這樣充滿自信的回答，遠比上面的回答更能讓你的老闆高興，當有些事你完全可以做到時，就不要使用語氣弱得詞語，要多使用語氣較強的詞語，讓自己的話聽起來更有力，儘量不要使用「或許」、「可能」、「恐怕」之類的詞語，這才是聰明的說話者。

當然，語氣的強弱要考慮場合、時機、對象等因素。靈活恰當地運用語氣的多種形式，做到適時而發。首先，掌握語氣要注意說話的場合。一般來說，場面越小，越要注意適當降低聲音，適當加快語速，並掌握語勢的下降趨勢，以追求自然；場面越大，越要注意適當提高聲音，將語速放慢，掌握語勢上揚的幅度，來突出重點。

其次，掌握語氣還要抓住談話的時機，同樣的一句話，在不同的時候說，效果往往大相徑庭，抓住時機、恰到好處，運用適當的語氣，才會產生更好的談話效果。

最後，駕馭語氣還要因人而異。語氣要適應於「聽話者」，語氣能夠影響談話對象的情緒和精神狀態，這樣才能引起對方談話的興趣，進而贏得交際的成功。

## 語言大師精華提要

在所有的有聲語言場合中，都離不開語氣。同樣的一句話，有可能因為語氣不同，而使得意思完全走樣。所有懂得從一個人談話的語氣中去瞭解對方的個性，無疑是掌握了一把讀透對方心理的鑰匙。

# 03 提問的方式更容易引起聽話人的注意

與單純的敘述相比，提問的方式更容易引起聽話人的注意。

——佚名

平鋪直敘的標題跟提問式的標題相比，哪一樣更能引起讀者的興趣。據統計發現，那些以何種提問方式為標題的文章，更能引起讀者的閱讀慾望，這是因為可以啟發讀者進一步的互動思考。

為什麼會有這樣的不同呢？如某心理學家說「與單純的敘述相比，提問的方式更容易引起聽話人的注意」，所以，無論是演講還是推銷，我們都應該儘量避免平鋪直敘，而要使用提問方式。

敘述性的句子常常是單純表明一個事實，我們一般只是被動地接受，不會有任何思考；而提問式的句子很明顯給了我們一個思考的方向，讓人不由自主地想尋找原因，這就會讓人對談話產生濃厚的興趣，即使對方對你的談話不感興趣，但你只要向他提問，他就會不自覺地思考你的問題。所以在遇到對方對你的話題毫不感興趣的時候，吸引對方注意力最好的辦法就是運用提問的方式。

提問者要根據不同的環境和時間，選擇不同的提問方式，靈活選擇恰當的提問方式，是一個高明的談話者應當具備的說話技巧，交談中的提問主要有以下幾種常見的形式和方法：

## 一、直接型提問

這種提問方式直來直去，速戰速決，當我們需要對方做出明確答覆時，直接提問是一種較理想的方式，但一定要注意場合和時機，否則就會顯得生硬，如果雙方關係並不深，工作中屬於平級，那麼就要慎重使用這種提問方式，以免發生不愉快的後果。

一般說來，這種提問方式比較適用於關係密切的交談雙方，比如父母對子女的責問，上級對下級的詢問。

## 二、迂迴型提問

在第一種提問方式不適宜時，可以採取迂迴式的發問。

義大利著名女記者法拉奇有「國際政治採訪之母」之稱，她以訪問世界政治舞臺風雲人物而蜚聲中外。雖然她以辛辣的攻擊型提問著稱，但是面對敏感問題採取迂迴型提問，比如她在採訪中國領導人鄧小平時，提出一個問題：「天安門上保留下來的毛主席像，是否要永遠保留下去？」聽起來是很平常的問題實則包含著深刻的含義，因為她真正想知道的是鄧小平對毛澤東，以及毛澤東思想的評價還有今後在中國的地位。

## 三、誘導型提問

這種發問不是為了自己答疑而問，而是一種誘導對方接受自己的觀點，為了吸引對方緊緊跟著自己的思路，而故意向對方發問。例如老師教導學生時，在指出對方的錯誤行為之後，常常接著問：「你覺得這樣做對嗎？」兜售茶葉蛋的人，提問「要一個還是兩個」遠比「要不要茶葉蛋」達到的效果要好，這其實是一種誘導和啟示，透過提問引起對方思考，直至明白某個道理。

## 四、攻擊型提問

這種發問是透過問題攻勢直接擊敗對手。採用這種發問要看時間、地點、對象，有時候對方極不友善或者是競爭對手，為了在心理上占上風，可以採取這種提問方式。

只有熟練掌握了各種提問方式的特點並能應用自如，那麼你的交談能力就會有很大的提升。比如：雷根與卡特在競選美國總統時有一段精采的辯論，當時雷根向卡特挑戰性地發起了問題攻勢：「每個公民在投票前都應該好好想想這樣幾個問題：你的生活是不是比四年前改善了？美國在國際上是不是比四年前更受尊重了？」雷根的提問猶如一發重磅炮彈，極富攻擊型，在選民中引起了強烈的反響。結果，在辯論之後的民調顯示，支持雷根的選民人數很顯著的上升了。

如果你一開始就提出比較嚴肅、正式的問題，也許對方會因為沒有準備而變得緊張不安，或者簡單回覆一些無關痛癢的話，所以我們還應注意，用簡單易答的問題切入，不僅可以讓雙方的談話更輕鬆，更有助於進一步打開對方的心扉。比如你一開始就詢問對方「你是哪裡人？」「做什麼工作？」等諸如此類簡單易答的問題，對方就會逐漸放鬆，等到你提出關鍵性問題的時候，他就能暢所欲言了。

## 語言大師 精華提要

提問是可以靈活運用設問、追問等方式。不僅可以吸引對方的注意，還有利於自己。適當的追問，能傳達出自己對於對方談論的話題很感興趣的信號，進而使對方更有興趣說出內心真實的想法。

# 04 站著說話是威懾對方的好方法

會寫的坐著，會唱的站著。

——諺語

站著說話可以有效提高我們的「存在感」，讓人感受到威懾力，進而增強自己心理上的氣勢。在課堂上老師都是選擇站著講課，很多演講者演講時大多也是選擇站姿就是這個道理。

華盛頓大學的巴里·施瓦茲教授在實驗中證實這一論點。實驗中，他拿著兩張分別以坐姿和站姿拍攝的照片去徵求人們的意見：哪種姿勢更具有威懾力？結果有近六成的人覺得站姿比坐姿更具有威懾力。

從上向下俯視會增加對方的心理壓力，個子高的人也可以「俯視」對方，讓對方產生畏懼心理。如果一個人低著頭，無精打采地走路，即使他有很強的實力，但在別人眼裡也是一名弱者。所以，個子高的人應該好好利用從父母那裡遺傳下來的優點，儘量給人一種強而有力的印象，個子矮的人則要挺直腰板，不要再駝背，否則看起來就更軟弱了。

從下往上仰視對方的話，就很有可能被對方的威懾力壓制。從上往下俯視對方，是威懾對方的一種好辦法。所以，當你向對方提出要求時，儘量選在他們坐著而你站著時提出你的要求，這樣成功的機率比較高，因為對方坐著而你站著，你的氣勢會相對較強。

在電視上，我們經常可以看到，那些說話非常有氣勢的員警或者商務精英們，總是站著接電話。他們就是透過「站姿」，來讓自己的聲音更加有氣勢。相反的，如果你坐在椅子上接電話，背部很容易彎曲，進而壓迫胸部，使呼吸變得急促，語速也會不自覺的變慢，最終導致聲音失去張力。所以，當你要求對方做某件事時，別忘了一定要站著打電話。

另外，選擇怎樣的站姿也是需要關注的細節，從心理學的角度來看，當交談雙方都是選擇站姿時，如果想要在心理上佔據優勢地位，你的右腳應該邁出一步，以一種要包圍對方左側的姿勢靠近對方，因為人總會本能的保護自己的心臟，侵犯對方的左側領域，會使對方感覺到一種無形的壓力，進而形成一種恐懼的心理。

綜上所述，站姿是一種攻擊性的姿勢，但是我們還必須注意，作為人際交往的技巧，選擇站姿固然會增加對方的心理壓力，但如果想要營造輕鬆的氣氛，就應該先請對方入座，然後自己再坐下來，以消除對方的緊張情緒。總之，我們應該根據不同目的，選擇使用站姿還是坐姿。

**語言大師 精華提要**

坐姿對於想要放鬆的人來說固然舒服，但坐著說話會讓我們的聲音失去張力，降低我們的積極性和威信。打電話也是如此，打電話時，雖然對方看不到你是坐著還是站著，但是站著打電話，我們的聲音就會在不知不覺中變得更加有張力，可以更有效的向對方傳達自己的力量。

# 05 想要成為強者，說話時就儘量不要笑

嬉笑是虛偽的舞臺，真理是嚴肅的。

——司湯達【法國】

笑著說話給人一種有氣無力的感覺，讓對方覺得你說的話不重要。要想成為強者，除了特別情況，說話時不要總是帶著笑，那樣會讓人看起來不夠嚴肅，沒有力度，運用嚴肅的表情來表現你的力量，你的話才會引起別人的注意和重視。心理學家也經由試驗證明，越是滿臉笑容的人越容易被人評價為「軟弱的人」。

一般來說，如果你一直保持一本正經的表情，對方就不太敢提出過分的要求，而且

還會在你面前說出實話。對一個總是嬉皮笑臉、滿不在乎的人，我們是不會主動吐露真言的，在我們與人說話時儘量不要笑，保持嚴肅，認真的表情，可以讓對方感覺你是真誠的並且值得信任。只有這樣，才能讓對方敞開心扉，吐露真言。

表情嚴肅、沒有笑容，會讓對方猜不透你的心思和想法，這能表現你的威嚴。最能讓對方吐露實情的方式，就是讓他感覺到你能洞察一切。此時心虛者或者敬畏你的人在內心就會惴惴不安，覺得你可能知道他想的一切，這時常常會不打自招。所以，如果你希望別人敬畏你，那麼就儘量不要笑吧。

中國古代著名的軍事家無不以紀律嚴明著稱於世，中國的軍事家孫子以自己從未打過敗仗而自豪，因為他的性格中有冷酷無情的一面，他會毫不猶豫地將違反命令的人就地正法，正因為如此，他的士兵才會嚴格執行命令，他的軍隊才會訓練有素。

商場也是一個「欺軟怕硬」的地方，很多商業人士認為「和氣生財」，對待顧客要經常保持微笑。表現親和力固然重要，但適時板起面孔也是必要的。如果一直在微笑，會讓對方覺得你好說話，進而開始討價還價。

如果不想被顧客削弱你的利潤，你最好適時控制你的微笑。尤其在競爭對手面前，如果你總是保持笑容，往往會被對方輕視，原因前面我們已經說過，總是面帶笑容，有可能會被認為是膽小軟弱的人，有時你的笑容也會暴露你內心的想法，為了不讓對方把你看透，我們最好保持嚴肅的表情。

### 語言大師 精華提要

在很嚴肅的場所，說話笑場很可能使你之前所作的努力全部白費，別人會以為你只是在開玩笑，而不把你當回事。

# 06 說話簡明扼要，重點才能突出

真正聰明睿智的卻是言辭簡短的。

——培根【英國】

抓住重點，理清思路，這是說話的基本要求，也是說好話的前提。說話時要言簡意賅，講求簡潔性原則。

現代的人們工作十分繁忙，無論在什麼場合發表講話，一定要注意掌握時間。有的人一講話就沒完沒了，令人生厭。掌握講話技巧的人，往往在相對短暫的時間裡結束講話，即突出重點，又簡明扼要，因此贏得寶貴的時間，提高了工作效率。

開口說話前，首先理清思路。尤其是下屬向上司彙報工作的時候，話要說得越精簡越好。上司一般情況下公務繁忙，時間安排得比較緊湊，哪有時間和耐心去聽一位反覆說了一堆，也不知重點要說什麼的員工彙報工作？

在其他場合裡，也沒有人會喜歡一個說話絮絮叨叨、沒有重點的人。恩格斯說：「言簡意賅的句子，一經瞭解，就能常常記住，變成口語。而這是冗長的論述絕對做不到的。」

馬克・吐溫曾經說過，有一次他去聽一位牧師傳教，剛開始很有好感，準備捐獻身上所有的錢，但過了一個小時，他聽得很厭煩，決定留下整數只捐些零錢。又過了半個小時，他決定分文不給。等到牧師說完了，他不僅不給，還從捐錢的盤子裡拿出兩元作為時間的補償。

這則小故事是對說話冗長者的絕妙諷刺。說話簡明扼要，做到語言簡潔，要掌握以下三點：

首先，把握主題，抓住重點。說話不是照本宣科，難免有時會插入一些題外話，有時會發現已經講過的某個問題需要臨時補充。作為一個高明的說話者，應時刻將說話的主題牢記在心，這樣不管怎樣加話，都不會偏離說話的中心。

那些能一口氣講幾個小時被認為是口才很好的人，幾乎沒有給人留下什麼好的印象，在被調查的人群中，有一半以上的人聲稱，討厭沒有重點又長篇累牘的演說和講話，而有超過七十%的人稱，最喜歡那些簡短的演講。

其次，要在文字上下工夫，注意文字的推敲和錘煉。實踐證明，句子長度越長，結構越複雜，越聽難懂；句子長度越短，結構越簡單，越容易聽懂。說話中應當注意在句式變化的同時，多用短句少用長句，短句的表達效果簡潔、明快、活潑、有力。我們在講話時，應避免使用長而結構複雜的句子，要注意使用短而結構簡單的句子。因為它不僅可以乾脆地敘述事情，也可以表達激動的情緒，堅定地意志和肯定的語氣。

美國前總統雷根善用精粹簡潔之語產生奇效，他在奧運會開幕式上的致辭，僅用了十六個英文單詞，譯成中文是：「我宣佈，進入現代化時代的第二十三屆奧運會，在洛杉磯正式開幕！」面對急於觀看奧運會盛況的觀眾，這短短一句話的致詞產生的效果，不知要超過長篇大論多少倍。

最後，要嚴而有序。與寫作相比，說話是口耳相傳的語言活動，沒有過多的時間讓聽眾思考，所以邏輯關係要更為清晰、嚴密。語言的結構要求明瞭，善於提出問題、分析問題、解決問題；觀點和材料的排列，要便於理解、記憶和思考，所以要較多地採用由近及遠、由淺入深的順序安排；時間順序最好按過去、現在、未來進行安排，這樣容易被聽者記住。

**語言大師 精華提要**

要想說話有氣勢，就要避免廢話連篇，只有簡短有力的話語才能更好地突出重點，讓對方感受的你的心意。

# 07 語調往往比語義能傳遞更多的資訊

語調是語言動作的最高級、最有說服力的一種形式。

——佚名

在口語交際中，語調往往比語義能傳遞更多的資訊，它能反映出一個人說話時的內心世界，以及他的情感和態度。語調是指說話的腔調，它是節奏的快慢起伏、音調的抑揚頓挫、語速的停頓延連、音量的輕重強弱等，透過不同的方式組合而成的，用不同的語調表達不同的意義是人類的本領。運用好語調可以傳達出豐富的情感，增強表達的藝術效果。

有一次，義大利著名悲劇影星應邀參加了一場歡迎外賓的宴會。席間，許多客人要求他表演一段戲劇，於是他用義大利語念了一段「臺詞」。儘管外國客人聽不懂他的「臺詞」內容，但是他那動情地聲調和表情，淒涼悲愴，不由得讓人留下同情的淚水。可是有一位義大利人卻忍不住跑到廳外大笑不止，原來這位悲劇明星念的根本不是什麼臺詞，而是宴席桌上的菜單。

一個說話感染力強的人，必定具有熟練控制語調的能力。而善於運用恰當的語調來表達複雜的內容和不同的思想感情，是任何一個想提高說話水準的人都應該掌握的基本功。英國戲劇家蕭伯納說過：「書寫的藝術哪怕文法修辭非常好，在表達語調時卻無能為力，比如『是』可以有五十種說法，『是不是』也許有五百種說法，可是寫法卻只有一種。」

語速的快慢應根據交際場合和個人表情達意的需要而選擇。運用恰當的語速說話，是控制語調的主要技巧。在需要快說時，語速流暢不急促，使人聽得明白；需要慢說時，語速和緩不拖遝，要聲聲入耳。語速快慢有節，才能使語言富於節奏感。

那麼，怎麼才能使有聲言語表達生動有趣呢？

首先，要控制說話的輕重快慢。人們說話都有輕重快慢之分，需要強調的內容說的重些，平淡的內容說的輕些。說話輕重適宜，能使語義分明，聲音層次豐富，語氣生動活潑，語音資訊中心突出，說得太輕容易使聽者減少興趣；說得太重也容易給聽者突兀的感覺。我們應該根據說話的內容掌握說話的輕重，該輕則輕，該重則重，讓人感到音節錯落有致，舒適暢快。

其次，要掌握各種語調的特點，一句話聲音的高低變化叫做語調。語調有升降、降調、曲調、平調四種基本類型，隨著句子的語氣和表達者感情的變化，可以變化出其他多種類型。

一句話富有表現力的話，它應該具備的特點是聲音有高有低，有快有慢。語調有區別句子語氣和意義的作用。如果把「你做得不錯」說成升調則是疑問性句式，帶有不信任和諷刺的意味；說成降調，是陳述式句式，帶有肯定、鼓勵的語氣。因此，我們在談話時應注意掌握不同語調的特點，才能靈活表達出各種語調。

再次，靈活地表達各種語調。抑揚頓挫構成語言自然和諧的音樂美，能細緻表達思想感情和語氣，讓語言更富有吸引力，恰當地運用不同的語調，是衡量一個人口頭表達能力的重要標誌。一句話可以用不同的語調來說，但不同的語調給對方的資訊刺激也是不同的。相同的話，但因為語調不一，就可能給人不同的理解。所以，掌握分寸感是正確運用各種語調的首要條件。

最後，自然的聲音總是悅耳的，現實生活當中，交談不是演話劇，無論你是怎麼樣的語調，都應自然順暢，故意做作的語調只能事與願違。

**語言大師 精華提要**

為了表達不同是語義，我們可以適當轉換說話的語調，這樣有輕有重，層次分明，對方比較能夠便於理解和領會。

# 08 傾聽是正確的，完全的傾聽則顯得被動

聽人說話，多用頭腦，少用耳朵。

——捷克諺語

只有善於傾聽的人，才能掌握別人的內心世界和思想感情。傾聽是一種「無聲的交流」，要想成功地完成一次對話，首先要學會聽別人說話。真誠的傾聽對方講話，讓對方順利的講完他想說的話，似乎是正確的，但完全的傾聽則顯得被動和軟弱。

在日常的交際中，雙方交談也是一樣。仔細傾聽對方的講話的確可以讓對方高興，但在和別人談話時，如果對方不停地說，而你只是在一旁隨聲附和，做個聽眾，那就表

示在這場談話大戰中，你已經敗下陣來了。所以，在人際關係技巧的原則就是：絕對不能只當個聽眾！只當聽眾要不就是顯得你很軟弱，要不就是讓你變得很被動。

電視上那些著名的節目主持人常會非常巧妙的聽取嘉賓的講話，並適當發表自己的想法。我們可以選取一些收視率較高的談話性節目進行分析，在一般情況下，為節目主持人說話的時間要比嘉賓說話的時間長。但如果主持人只是一味地聽嘉賓講話，自己則沉默不語，那就算不上是一個優秀的主持人。

在節目中，主持人才是不停講話的人，雖然我們認為是嘉賓一直在講話，但那是一種錯覺。因為他們一方面要分析嘉賓講話的內容，適時提出自己的看法，另一方面還要誘導嘉賓說出一些符合節目風格和談話主題的話。只有這樣表現自己的力量，他們才能確立自己的主體地位。

在商業談判中，我們要爭取多說的機會，這才是最強的商務精英應該做的。所以，在現在的商界中，越來越多的企業要求員工要有良好的發表看法和提出建議的能力，只是默默地做聽眾，是沒有任何好處的！這個論點已經有心理學家透過研究證實：我們在與別人的交談中，講話的時間占總時間的比例越大，就越能表現出自己的力量。

所以，要想在談話中佔據主動地位，就一定要不失時機地插入自己的談話，積極地發表自己的看法。如果對方講得興趣正濃，貿然地插入談話似乎不太禮貌，但如果我們非常客氣地打斷對方的談話，便不會顯得不禮貌。這就要我們掌握一定的「插話戰術」，並試圖增加自己在談話中的時間。

也許，有人會說，這與前面講到的傾聽不是互相矛盾嗎？其實這完全是兩回事，我們主張在瞭解對方意圖的基礎上有針對性的發言，適時地發表自己的看法，根據對方的心理調整說話的策略，這些才是我們提倡的有效溝通。但是插話的前提是要學會傾聽，我們反對自顧自地發言，反對不深領會對方意圖的發言，反對誇誇其談。

**語言大師 精華提要**

要想在交流的過程佔據主動，就不能光靠聽，適當的時候表達自己的看法，不僅可以讓對方知道你在聽，也可以讓對方明白你的態度。

# 09 恰到好處的沉默比語言更有力量

對正義事業保持沉默，等於為非正義事業呼喊。

——阿拉伯諺語

沉默是語句中短暫的間隙，是超越語言力量的一種高超傳播方式。恰到好處的沉默往往能收到「此時無聲勝有聲」的效果。這個技巧，實際上是引自美國聯邦調查局盤問犯人時所用的心理學技巧。試想，本來你正滔滔不絕地講話，忽然沉默了下來，必然會讓對方產生摸不著頭緒的不安。當然，這個技巧並不適用於任何時候和任何情況，但是，當對方注意力不集中時，或對於那些經常表現出毫不在意的對手，確實是一有效的心理技巧。

演講者對沉默的作用最有體會，演講過程中如果會場變得吵雜，擅長演講的人就會停頓一段時間不說話，以此來平息下面的竊竊私語，因為瞬間莫名的沉默會引起對方的不安。如果演講者一直沉默，聽眾就會互相提醒，會場也就能很快安靜下來。

恰到好處的沉默可以達到強調的作用，懂得何時沉默可以清楚地表明談話的重點。美國前總統林肯就善於運用沉默技巧。當林肯說到某項重點時，他往往會傾身向前，直接注視聽眾達一分鐘之久。這種沉默高度集中了聽眾的注意力，甚至比怒吼更有力量。

談判中，適時地沉默，往往能收到千言萬語所達不到的效果。談判高手認為沉默有下面這些妙處：

1. 沉默往往由鼓動對方開口的作用，並且可能使得對方吐露出有利於己方的資訊。
2. 沉默會讓人對你的觀點產生信心，因而可能是對方讓步。
3. 沉默可以打破談判節奏，不失為一種策略上的遁逃方式。
4. 沉默很容易讓對方想到最壞的方面，做最壞的打算。

某談判專家代表他的朋友與保險公司交涉賠償事宜。

理賠員首先發表了自己的意見：「先生，我知道你是談判專家，而且一向針對高額款項談判。但是這一回，我們恐怕無法答應你的要價，我們公司只能接受五十萬美元的賠償，你覺得如何？」

談判專家表情嚴肅地沉默著，一語不發。

理賠員見狀有點沉不住氣了，說：「其實，要是你們的要求不是太過分的話，適當增加一點點也不是不可以的，上下有個五萬美元的浮動也是允許的……」

又是沉默，良久，談判專家說：「不好意思，這個我們恐怕無法接受。」

理賠員繼續說：「好吧，一口價，七十萬美元，你看如何？」

專家過了一會兒才說道：「這個嘛，還是有點……」

理賠員顯然有點慌了，他狠了狠心說：「好吧，八十萬。」

專家沉默了一會兒說：「那好吧。」

就這樣，談判專家只是重複著他的沉默，最後，這件理賠案終於在八十萬美元的條件下達成協議，而他的朋友原本只期望能拿到五十五萬美元！

不論是談判，還是其他交流活動，說話的雙方都在捕捉對方的反應，以隨時調整自己原先的方案。此時，一方若是乾脆不表明自己的態度，只用沉默和嚴肅的表情來作答，往往會讓對方摸不清自己的底細而自亂陣腳，並最終做出有利於自己的承諾。

**語言大師 精華提要**

適當的時候選擇沉默會對方造成一定的心理壓力，以為你有什麼不滿，這樣對方就會跟著你話頭轉，你也就佔據交流的主動權了。

# 10 用數字說話，讓對方更信服

內容豐富的言辭就像閃閃發光的珠子。

——培根【英國】

有那麼幾年，全世界各地的飛機經常失事，這讓經常外出旅行的講學者來說，感到恐懼萬分。某日，在航空公司買機票時，有人開玩笑地向一位職員說：「這樣常常失事，有天給我碰上可就糟了，我看我還是自己開車子長征講學吧！」

這位職員不以為然地說：「先生，因為飛機失事是件很嚴重又不尋常的事，所以難得一次便嚇壞了旅客。其實飛機失事的比率，比起中彩券還要困難多了，簡直百萬分之一都不到。」

「彩券也期期有中呀！難道飛機失事也班班有？」

「不可能的，飛機引擎頭幾年故障的機率更是相對減少，正確地說，飛機失事比率是億分之一都不到。」他充滿自信地解釋。

他這樣一說明，用數字一比方，乘客鎮定了，不安全感一掃而空，這乃是「數位」的魔術。這位職員的利用數字魔術心理戰的高度技巧不得不令人佩服。

在推銷活動中，客戶對推銷員天然地存在一種懷疑心理。這時候如果推銷員能夠拿出一系列統計數字，用數字來說話，相對來說就能更容易地說服客戶。

機械廠一位推銷裝載機的推銷員勸說一位要換車的客人：買台裝載機。

客人問為什麼，推銷員就算給客人聽：你的家鄉煤礦多，用裝載機的機會多，但裝載機在你的家鄉卻很少。買一台機器出租，一小時租金不低於六百元，一天收入約五千元，這樣八個月左右就可以回本了。

後來這位客人立即改弦更張，不買汽車了，而是從推銷員手中買了三台裝載機。

用數字來做生意的方法不失為一種很好的策略。「花一塊錢，就能讓您的居室鋪上地毯，您信嗎？」當推銷員這樣告訴顧客，引來的將不僅僅是好奇。這也是推銷中的一項技巧。

在一個地毯商店裡，一位顧客進來看了看後，指著一塊地毯向營業員詢問價錢。營業員回答道：「每平方米二十五元。」顧客聽後走了。

這整個過程恰好被營業主管看到，望著顧客遠去的背影，主管對營業員說。「顧客詢價時，你可以這樣回答：『要讓您的臥室鋪上地毯，只需一塊錢。』」

接著主管向帶著疑惑神情的營業員解釋道：「這樣回答顧客有兩個好處，一是利用顧客的好奇心吸引顧客的注意力，然後你就向他介紹產品；二是讓顧客覺得價錢很便宜。」至於為什麼「臥室鋪上地毯只需花一塊錢」，主管又解釋道：「臥室十平方米，每平方米價格二十五元，但地毯可鋪五年，一年三百六十五天，這樣每天花費不就是一塊錢嗎？」

在這裡，這位主管運用了一種簡單的技巧——「用數字說話」。

在求職的時候，用數字說話也有其很好的作用。數字更具說服力，例如把「接管了一個問題成堆的地區，開發出新的客戶服務專案及市場行銷技巧」，說成「接管了一個問題成堆的地區，開發出新的客戶服務專案及市場行銷技巧，並於兩年內將市場佔有率從四十八%提高到六十五%」，你會發現後者表達會更具說服力。

例如為公司增加了利潤和收益、節約了費用和時間、擴大了客戶群、降低了員工流失率、提高了生產率、改進了產品品質、增加了公司知名度、削減了庫存、建立及改進了工作流程等，用具體數字加以說明。

數字可以展現業績的卓著。跟簡單表示「提高了生產能力」的應徵者相比，一個在「半年內將部門的工作成績提高五十%」的人無疑會更令人印象深刻。另外，「在一個有二十五名人員的部門擔任經理」同「曾經擔任過經理」相比，前一種陳述能更好地證明你的能力。

**語言大師 精華提要**

「具體的數字」會讓對方覺得你對細節也瞭解得很透徹，是經過全面事前調查研究的，也就會對你的話更加信服。

PART 3

# 顧及情面，
# 不能說得
# 別人下不了臺

# 01 巧妙暗示，遠勝當面指責

動物是最可親近的朋友，牠們從不提問，也從不指責。

——艾略特

生活中的很多事，起因複雜，因此辦起事來更複雜。許多時候我們清楚，真理是站在自己這一邊的，但這並不意味著有了道理就可以把事辦成。

比爾是一所大學的老師，他有一個學生因非法停車而堵住了一個學院的入口，他走進教室，以非常兇悍的口吻問道：「是誰的車堵住了車道？」當車主回答時，這位老師吼道：「你馬上給我開走，否則我就把你的車綁上鐵鍊拖走。」

這位學生是錯了，車子不應該停在那。但從那次以後，不止這位學生對比爾的舉止感到憤怒，全班的學生都儘量地做些事情以造成他的不便，使得他的工作更加不愉快。

比爾原本可以用完全不同的方式處理的。假如他友善一點：「車道上的車是誰的？」並建議說，「如果把它開走，那別的車就可以進出了。」這位學生一定會很樂意地把它開走，而且他和他的同學也就不會那麼生氣了。

我們在為人處世的過程中，即使自己是對的別人是錯的，也會因為讓別人丟臉而毀了一切。傳奇性的法國飛行先鋒和作家安托安娜・德・聖蘇荷依說過：「我沒有權利去做或說任何事以貶抑一個人的自尊。重要的並不是我覺得他怎麼樣，而是他覺得他自己如何。傷害他人的自尊是一種罪行。」這種做事的方法，使人們易於改正他的錯誤，又維持了人們的自尊，使他自以為很重要，使他希望和你合作把事情辦好，而不是反抗或找你麻煩。

英國一家超市的經理伊爾奇每天都到他的連鎖店去巡視一遍。

有一次，他看見一名顧客站在檯前等待，沒有一人對她稍加注意。那些售貨員呢？他們正在櫃檯遠處的另一頭擠成一堆，彼此又說又笑。身為經理的他當然對這個情況很不滿意，一定要糾正這種不負責任的行為。但伊爾奇並沒有直接指責那些在上班時間閒談的售貨員，他採取了巧妙暗示，保全員工面子的方法處理了這件事。

他不說一句話，默默站在櫃檯後面，親自招呼那位女顧客，然後把貨品交給售貨員包裝，接著他就走開了。售貨員當然看到了這個情況，自責的他們從此以後再也沒有發生類似情況。伊爾奇沒有直接指責員工的不負責，而是親自去為顧客服務，讓員工自己意識到自己的失職，間接地糾正了員工的錯誤。

卡爾·蘭福在佛羅里達州奧蘭多市當了許多年的市長。他時常告訴他的部屬，要讓民眾來見他，他宣稱要施行「開門政策」。然而他社區的民眾來拜訪他時，卻都被他的祕書和行政官員擋在門外了。最後，這位市長找到了解決的辦法。他把辦公室的大門拆了，他的助手們知道了這件事，也只好接受。從此之後，這位市長真正做到了「行政公開」。

有些人面對直接的批評會非常憤怒，這時，間接地讓他們去面對自己的錯誤，往往會產生非常神奇的效果。所以，在與人交往、相處、合作的時候，如果別人做事的方法不符合你的要求，你也不應該當面指責，這樣只會引起對方的反抗，更容易把事搞砸。

而巧妙地暗示對方注意自己的錯誤，則可以輕鬆地把事情處理好。

**語言大師 精華提要**

如果你發現對方圖謀不軌，可以適當暗示對方，讓他知道你已經知道了他的心思，這樣可以讓對方有所顧忌而不敢任意妄為。

# 02 不要逼著別人認錯，否則會讓他積存怨恨

在名利場上的人，一想到自己的隱私會被人揭發，或是可能丟面子，受處分，都覺得難受，可是單為做錯了事就感到不安的卻沒有幾個。

——薩克雷

人只要活著，去說話、辦事就難免會犯下這樣或那樣的錯誤。但人的本能是不願意承認錯誤的，因為這畢竟是件不愉快的事情，會傷面子，臉上掛不住，況且還有可能要去承擔某種因此帶來的責任。

我們應該認識到，在許多時候逼別人認錯是種不會做人的做法，因為這樣做無疑傷

害了別人的面子，對於自己也是有百害而無一利。既然樂意認錯的人如此之少，我們在日常生活中就要少和別人爭辯，因為爭辯的目的常常是想告訴別人「你是錯的」。

一位社交專家說：應酬的最高效果，是你絕不使用任何強制手段就讓對方照著你的意思去做。對方完全出於自願，比你要別人怎樣怎樣的效果好得多了。

查理斯・史考伯有一次經過他的鋼鐵廠。當時是中午休息時間，他看到幾個人正在抽菸，而在他們的頭上，正好有一塊大招牌，下面清清楚楚地寫著「嚴禁吸菸」。如果史考伯指出那塊牌子對他們說：「難道你們都是文盲嗎？」這樣顯然只會招致工人對他的逆反和憎惡。

史考伯沒有那麼做，相反的，他朝那些人走去，並且還友好地遞給他們幾根雪茄，說：「諸位，如果你們能到外面抽掉這些雪茄，那我真是感激不盡了。」抽菸的人這時立刻知道自己違犯了一項規定，於是，便一個個把菸頭熄滅；同時對史考伯產生了好感和尊敬。

因為史考伯沒有簡單地斥責，而是使用了充滿人情味的方式，讓別人樂於接受這樣的批評。這樣的人，誰不樂於和他共事呢？

人都會犯錯誤，承認錯誤雖是件好事，但有這種度量願意當面承認錯誤的人終究是少數。因為大家都覺得不認錯，就不會有批評，甚至自己的過錯也不會一再被提起。所以，如果你想要別人當面認錯，無疑是件愚蠢的事。因為，即便你逼迫別人認了錯，得到一時之快，但這種違背他內心意願的做法，也將激起了他的逆反心理，使事情的錯誤得不到及時解決，還會在他心中積下怨恨。如果這種事發生多了，你應該明白「怨恨」會轉化成什麼。

所以，我們能做的是，在別人做錯事情時儘量引導對方，可以旁敲側擊，也可以擺事實、講道理（前提是你瞭解對方是個知錯就改的人，而沒有死不認錯的前科）。否則，你過於糾纏表面現象和枝節問題，對方也不會知錯就改，反而還會對你懷恨在心。這對你來說也是相當不利的，因此，還不如點到即止，讓對方心中有數即可。

**語言大師精華提要**

不管是誰，都不喜歡被別人逼著做事情，何況是逼著認錯。如果你逼著別人認錯，勢必會令其對你懷恨在心，日後也會伺機向你報復，實在是沒有必要冒這樣的險。

# 03 為了別人面子，看破他的心思也不要點破

什麼地位！什麼面子！多少愚人為了你這虛偽的外表而凜然、而生畏。

——莎士比亞

人非聖賢，有時難免做出一些不適當的事。出現這種情況，你就要把握好指責他人的分寸，看破別人的心思也不要點破，要保留對方的面子。

在交際中，一般應儘量避免觸及對方的敏感區，避免使對方當眾出醜。心理學的研究顯示，每個人都不願自己的錯誤或隱私在公眾面前「曝光」，一旦出現這種情況，就會感到難堪或惱怒。

魏王的異母兄弟信陵君，在當時名列「四公子」之一，知名度極高，因仰慕信陵君之名而前往的門客達三千人之多。

有一天，信陵君正和魏王在宮中下棋消遣，忽然接到報告，說是北方國境升起了狼煙，可能是敵人來襲的信號。

魏王一聽便打算召集群臣共商應敵事宜，坐在一旁的信陵君則不慌不忙地：「先別著急，或許是鄰國君主正在圍獵，我們的邊境哨兵一時看錯，誤以為敵人來襲，所以升起煙火以示警戒。」

過了一會兒，又有報告說是鄰國君主在打獵。

魏王很驚訝：「你怎麼知道這件事情？」信陵君得意地回答：「我在鄰國佈有眼線，所以早就知道鄰國君王今天會去打獵。」

從此，魏王對信陵君逐漸地疏遠了。後來，信陵君失去了魏王的信賴，晚年沉溺於酒色，終致病死。

任何人知道了別人都不曉得的事，難免會產生一種優越感，對於這種旁人不及的優點，我們必須隱藏起來，以免招禍。而隰斯彌就是因為知曉這一點，才沒有走上信陵君那樣的路。

齊國一位名叫隰斯彌的官員，住宅正巧和齊國權貴田常的官邸相鄰。田常為人深具野心，後來欺君叛國，挾持君王，自任宰相執掌大權。隰斯彌雖然懷疑田常居心叵測，不過依然保持常態，絲毫不露聲色。

一天，隰斯彌前往田常府第進行禮節性的拜訪，以表示敬意。田常依照常禮接待他之後，破例帶他到邸中的高樓上觀賞風光。四周風景一覽無遺，唯獨南面視線被隰斯彌院中的大樹所阻礙，於是隰斯彌明白了田常帶他上高樓的用意。

隰斯彌回到家中，立刻命人去砍掉那棵阻礙視線的大樹。

正當工人開始砍伐大樹的時候，隰斯彌突然又命令工人立刻停止砍樹，他道出了其中的奧妙：「能看透別人的祕密並不是好事。現在田常正在圖謀大事，就怕別人看穿他的意圖，如果我按照田常的暗示砍掉那棵樹，只會讓田常感覺我機智過人，對我自身的安危有害而無益。不砍樹的話，他頂多對我有些埋怨，嫌我不能善解人意，但還不致招來殺身大禍。」

在人際交往中，有的事不必弄得太明白，即使心裡明白，也不一定非得說出來。適時地糊塗一把，有百益而無一害。

能透視對方的內心，只不過是使你得到一種有利的武器罷了，更為重要的是，你要懂得如何使用抓在手中的這把利器。如果胡言亂語，到處宣揚，很有可能傷害到自己。所以即使看穿別人的心思也不要去點破，這是在人性叢林中生存的法寶。因為你不去點破他人的心思，充其量是落得他人的埋怨，但不至於造成生存危機。

## 語言大師 精華提要

不管什麼時候，如果你看出來對方潛藏的心思，提高警惕即可，沒必要點破，否則，對方可能會因此而狗急跳牆，做出不可預計的事情，到那時事情就會變得棘手了。

# 04 顧人情面，勿當面揭穿別人的錯誤

金無足赤，人無完人。

——俗語

中國人酷愛面子，視尊嚴為珍寶。而稍有點地位的人更加愛面子。若不慎做了錯誤的決定或說錯了什麼話，如果別人直接指出或揭露他的錯誤，無疑是向他的權威挑戰，會讓他很沒有面子，會損害他的尊嚴，刺傷他的自尊心。

別人錯了的時候，也要維護他的尊嚴。要選擇合適的時候或場合，採取合適的方式，以免自討沒趣。別人出現失誤或漏洞時，會害怕馬上被人批評糾正。有些人直言快

語，肚裡藏不住幾句話，發現他人的疏漏就沉不住氣。

有一家公司召開年終總結大會，董事長講話時將一個數字說錯了。一個下屬站起來，對著臺上正講得眉飛色舞的董事長高聲糾正道：「您講錯了！那是年初的數字，現在的數字應該是……」結果全場譁然，把董事長羞得面紅耳赤。事後，這名員工因為一點小錯被解雇了。

另一家公司新招了一批員工，在董事長與大家的見面會上。董事長逐一點名。

「黃燁（華）。」全場一片靜寂，沒有人應答。

一個員工站起來，怯生生地說：「董事長，我叫黃燁（葉），不叫黃燁（華）。」人群中發出一陣低低的笑聲，董事長的臉色有些不自然。

「報告董事長，是我把字打錯了。」一個精幹的小夥子站了起來，說道。

「太馬虎了，下次注意。」董事長揮揮手，接著念了下去。

沒多久，那個小夥子被提升為公關部經理，而叫黃燁的那個員工則被解雇了。

表面看來，前一個案例中的那位職員對董事長錯誤的糾正本身並沒有錯，可是，他的當眾糾正使得董事長很沒有面子，他這種不顧情面的做法，最終還是使得自己被解雇了。後一個案例中的那位董事長沒有什麼水準，那個小夥子在拍馬屁。

其實，每個人都有自己的知識欠缺，犯錯誤出洋相難以避免。作為下屬，有什麼必要當眾糾正呢？如果這個叫黃燁的員工當時應答，事後再巧妙地糾正就不會傷害董事長的面子。

所以，我們在處理人情世故方面的事情時，一定要注意，他人有錯不可以當眾糾正。如果錯誤不明顯不關大局，其他人也沒發覺，不妨「裝聾作啞」，等事後再予以彌補。這種顧人情面的做法會顯得你既通達人情，又懂得靈活應變，別人還會對你顧全其顏面的做法報以感激，實在是一舉數得。

**語言大師 精華提要**

當面揭穿別人的錯誤，勢必會讓對方很沒面子。對方也會對你心懷不滿，甚至會心生恨意，對我們又有什麼好處呢？所以，最好不要當面讓別人難堪。

# 05 放下自己的面子，滿足別人一點點虛榮

魚與熊掌不可兼得。

——《孟子》

古人云「魚與熊掌不可兼得」，一個人想要好處占盡，到頭來可能一樣都撈不到，只有那種懂得把名聲讓給別人，自己占盡「便宜」的人，才是真正高明而富有「心機」的人。

人世間複雜，有很多人為名聲而活，就是那種「死要面子活受罪」的人；有很多人為利而活，就是那種「要錢不要命」的人。除此之外，人世間還有第三種人，就是名利

雙得的人，他們能在關鍵時刻處理好名與利的關係，達到名利雙收，這種人才是真正聰明睿智而又成功的人。

美國鋼鐵大王卡內基年幼時，父母從英國來到美國定居，由於家境貧寒沒有讀書學習的機會，所以十三歲就去當學徒了。

卡內基十歲時，無意中得到一隻母兔子。不久，母兔子生下一窩小兔，但因為家境貧寒，卡內基買不起飼料餵養這窩小兔子。於是，他想了一個辦法：他邀請鄰居的小朋友來參觀他的兔子，小朋友們一下子就喜歡上這些可愛的小東西了。於是，卡內基宣佈，只要他們肯拿飼料來餵養小兔子，他就用小朋友的名字為這些小兔子命名。小朋友出於對小動物的喜愛，都願意提供飼料，讓這窩兔子成長得很好。這件事給了卡內基一個有益的啟示：人們對自己的名字非常注意和愛護。

卡內基長大成人後，經由自身努力，由小職員做起，步步發展成為一家鋼鐵公司的老闆。有一次他為了競標太平洋鐵路公司的臥車合約，與競爭對手布林門鐵路公司卯上了。雙方為了得標，不斷削價火拼到無利可圖的地步。

有一天，卡內基到太平洋鐵路公司商談投標的事，在紐約一家旅館門口遇到布林門先生，「仇人」相見，按一般情況應該「分外眼紅」，但卡內基卻主動上前與布林門打招呼，並說：「我們兩家公司這樣做，不是在互挖牆腳嗎？」

接著卡內基對布林門說，惡性競爭對誰都沒好處，並提出彼此盡釋前嫌攜手合作的建議。布林門見卡內基一番誠意，覺得有道理，但他仍不同意與卡內基合作。

卡內基反覆詢問布林門不肯合作的原因，布林門沉默了半天，說：「如果我們合作的話，新公司的名稱叫什麼？」

卡內基一下明白了布林門的意圖。他想起自己少年時養兔子的事：謙讓一點可以把一窩兔子養大。於是，卡內基果斷地回答：「當然用『布林門臥車公司』啦！」

卡內基的回答使布林門有點不敢相信，卡內基又重複一遍，卡爾門這才確信無疑。就這樣，兩人很快就達成了合作協議，取得了太平洋鐵路臥車的生意合約，布林門和卡內基在這筆業務中都大賺了一筆。

歷史常常開這樣的玩笑，淡泊名利的人出了名。現在全世界都知道，「鋼鐵大王」卡內基，但又有幾個人知道布林門？

另有一次，卡內基在匹茲堡蓋起一家鋼鐵廠，是專門生產鐵軌的。當時，美國賓夕法尼亞鐵路公司是鐵軌的大買主，該公司的董事長名叫湯姆生。卡內基為了穩住這個大買主，同樣把這家新蓋的鋼鐵廠取名為「湯姆生鋼鐵廠」。果然，這位董事長非常高興，卡內基也順利地取得了穩定、持續的大訂單，他的事業從此發展起來了，並最終成為赫赫有名的「鋼鐵大王」。

人是一種好名的動物，因為名聲是一個人的無形資產，最直接的利益是能帶來金錢。例如，大牌明星拍一個一、兩分鐘的廣告片，就能得到數百萬的廣告費；名氣還能帶來跟金錢同樣重要的東西，例如尊重、發展機會等。打個比較粗俗的比方：名氣大的人，找個對象都容易多了，不用擔心打光棍。

暫時放下自己的面子，在口頭上滿足別人一點點虛榮，這樣的小「心機」便能為自己帶來莫大的好處，「人要面子活受罪，面子不能當飯吃」，請記住，魚和熊掌是不易兼得的，暫時捨棄一樣，日後一定都能補回來，這便是「鋼鐵大王」成功的祕密「心機」所在。

## 語言大師精華提要

有時候，適當放下自己的面子，而去滿足別人，可以讓別人對我們心生好感和感激，我們也將會得到更多的東西。

# 06 保住失敗者的面子，不給自己樹立死敵

死要面子活受罪。

——諺語

有「心計」的人在與他人交往時，在為自己爭得面子的同時，也不會忘了給別人也留些尊嚴，包括他的死敵。

一九二二年，土耳其在與希臘人經過幾個世紀的敵對之後，下決心把希臘人逐出土耳其領土，土耳其最終獲勝。當希臘的迪利科皮斯和迪歐尼斯兩位將領前往土耳其總部投降時，土耳其士兵對他們大聲辱罵。但土耳其的總指揮凱墨爾卻絲毫沒有顯現出勝利

的驕傲。他握住他們的手說：「請坐，兩位先生你們一定走累了。」他以對待軍人的口氣接著說：「兩位先生，戰爭中有許多偶然情況。有時，最優秀的軍人也會打敗仗。」

這讓兩位敗軍之將都十分感動，也沒有因吃了敗仗投降而產生沉重的羞辱感。

後來希臘和土耳其兩國之間並沒有大的怨隙，更沒有因打仗而絕交。凱墨爾將軍一番得體的話讓敵人保住了面子，也贏得了發展友誼的可能性。試想，倘若凱墨爾也像士兵那樣羞辱那兩位投降的將軍使他們心懷怨恨，那麼不但友誼無從談起，戰事在將來也會不可避免。

一九七七年八月，幾名克羅地亞人劫持了美國環球公司從紐約拉瓜迪亞機場至芝加哥奧赫本的一架班機，在與機組人員僵持不下之時，飛機兜了一個大圈，越過蒙特利爾、紐芬蘭，最終降落在巴黎戴高樂機場。在這裡，法國員警打扁了飛機的輪胎。

飛機停了三天，劫機者跟警方僵持不下，法國警方向劫機者發出最後通牒：「你們能夠做你們想做的任何事情，但美國員警已經到了，如果你們放下武器跟他們一起回美國去，你們將會判處不超過兩年至四年的徒刑。也可能意味著你們也許在十個月左右就會被釋放。」

法國員警停頓片刻，目的是讓劫機者將這些話聽進去。接著又喊：「但是，如果我們不得不逮捕你們的話，按我們的法律，你們將被判處死刑。那麼你們要走哪條路呢？」後來劫機者投降了。

劫機者一方面因為機組人員的抗拒和警方的追捕而無法達到預定目的，另一方面由於不清楚警方的態度而不敢輕易放下武器，陷入進退兩難的痛苦局面。法國員警在勸說中給足了劫機者面子，明確地向對方指出了兩條道路：投降或者頑抗，投降的結果是十個月左右的徒刑，而頑抗的結果只能是死刑。面對這兩條迥異的道路，早已心慌意亂的劫機者一定識相地選擇棄械投降。

現實中很多人都很愛面子，無論做什麼事都會考慮到自己的面子。面子說白了就是尊嚴，被人重視，被人尊重。因此，有「心計」的人在與人交往時，為自己爭得面子同時，不會忘了給別人也留些尊嚴，愛護別人甚至死敵的面子，這一點非常重要。

對於敵人，對於鋌而走險的對手，同樣要留下圜轉的餘地。嘴巴不饒人，把對方逼上絕路只會導致負隅頑抗。而「殲敵一千，自損八百」，這對於雙方都沒有好處，也不是解決問題的辦法。

## 語言大師精華提要

世界上任何一位真正偉大的人，都善於保住失敗者的面子，而不會得意忘形地去陶醉於個人的勝利。雖然不一定與對手成為朋友，但只要不使敵人顏面盡失，產生不共戴天的仇恨，一般情況下是不會成為「死敵」的。

# 07 用謙虛的態度和人說話

曆覽古今多少事，成由謙虛破由奢。

——陳毅

中國人自古以來視謙虛為美德，因為不懂謙虛的人很難獲得大家的一致認同。我們即便十分自信，多數時候還是要謙虛一些，尤其是要用謙虛的態度和人說話。

首先是不要目空一切、居功自傲。

有的人做出一點成績、取得一點進步，就飄飄然起來，跟誰說話都趾高氣揚，到處誇耀自己，搞得大家都為之側目。

阿志是一家廣告公司的職員，他設計的一件平面廣告作品得了大獎，經理在員工大會上好好表揚了他一番，並讓他升任主管。阿志認為自己是個人物了，從此以「專家」自居。一次經理接到一個平面設計任務，請阿志來評價。阿志唾沫飛濺地說了半個小時，批得體無完膚，最後結論是：應該打掉重來。經理對這個設計本來比較滿意了，聽了阿志的話極不高興，從此疏遠了他。

又過了兩年，公司裡另一個職員石謙也得了廣告大獎。他吸取了阿志的教訓，說話非常謙虛，態度和善，很得大家喜歡。

其次要適當使用敬語。

敬語能表現說話者對對方的態度，因此，對聽話者來說，可以根據對話是否使用敬語，瞭解到對話人把自己置於什麼地位。例如，科長想請新職員去喝酒，叫道：「你也來吧！」如果職員回答「好啊」會怎樣呢？科長會認為新職員不理解對上司應使用的語言，看低了自己。這樣一來，科長就會用另一種眼光看他。由於沒有使用敬語，招致對方改變對自己的態度，日後人與人之間的關係將會變得微妙。

常常聽到有人發出類似這樣的感慨：「近年來年輕人講話越來越沒禮貌了……」這

就是雖然一些年輕人沒有惡意，卻因為沒有使用適當、確切的敬語，致使人與人之間的關係產生了風波的明證。

最後，要請人評判自己的意見。

有許多真正偉大的人物，總是很謙虛地請別人評判自己的意見，因而獲得別人的贊同。以謙虛的態度表示獨斷的見解，對使別人信任我們的意見及計劃都很有效用；我們知道多數成功的領袖，常常應用這個策略。

有的時候也需要爭辯。比如兩個喜歡辯論的朋友，經過一次的辯論，也許對於雙方都是有益而愉快的。

美國威爾遜總統曾經對鮑克接連問了一小時的問題，使得他不得不擁護在他自己看來絕對相反的意見。但到了末了，威爾遜使鮑克感到吃驚的是：他告訴鮑克，他已經改變了主意，他已經醒悟了而從另外一個觀點去觀察這個問題。鮑克非常吃驚，從此對威爾遜更加敬重。

這種策略，可以當做能夠引起友愛的一種方式，但不可說是常例。其實，別人可能在種種方面與我們意見不一致，這是可以預料的事情，你如果認為和他爭辯之後，還能請他來評判一下自己的意見，他會認為你是個謙虛的人，而對你的印象更為良好。

**語言大師 精華提要**

人們都喜歡說話態度謙虛和善的人，討厭態度傲慢的人。如果想得到別人喜歡，說話態度謙虛必不可少。

不目空一切、居功自傲，適當使用敬語，請人評判自己的意見，這是態度謙虛的主要方面也是基本要求，做到了，也就能討得別人喜歡。

# 08 說話低調一些

給予是能使人產生優越感的。

——雨果【法國】

現代社會提倡表現自己，但這個「表現」只能充分表現在做的方面，而不是說的方面。這就是說，我們說話應該儘量低調一些。

有的人在日常生活中說話調子非常高，顯得自己很有能耐，無所不知無所不會。這樣的人很難得到大家的好感。如果在說話的時候有這樣的毛病，必須要改正，不然永遠會被自己的交際圈邊緣化。

在進入這家公司的頭幾個月，雅真連個知心的朋友都交不到。為什麼呢？因為她每天都使勁吹噓自己在工作方面的成績、她新開的存款戶頭……雅真自認為工作做得不錯，並引以為榮，但令她費解的是，她的同事們不但不分享自己的快樂，而且顯得非常不高興。雅真渴望他們能夠喜歡自己，很希望成為他們的朋友，但大家似乎都在躲著她。

迷茫的雅真到一位諮詢師那裡尋求指導。這以後，她很少再談起自己的成績，而是儘量多說些其他的話題。現在當雅真和同事們一起閒聊的時候，就請他們把自己的歡樂都說出來，讓大家一起分享。只有在特定的場合下，她才說一下自己的成績。時間長了，大家又能打成一片了。

雅真不再彰顯自己的成績，開始低調地對待身邊的朋友和同事，慢慢地，她開始博得了大家的好感。這是什麼原因呢？也許我們可以從下一個案例中找到答案。

旅居美國的徐女士開了個中式餐館，她女兒從英國牛津大學畢業回到美國以後，在紐約曼哈頓一家金融機構上班，每月薪水上萬美元。徐女士當然非常自豪，自己幾乎是身無分文來美國發展的，結果三十年來很多當初的理想都沒有實現，現在這些理想在自己女兒的身上終於實現了。於是，在面對親朋好友的時候，徐女士言必稱女兒的風光，言必道女兒的薪水。女兒對此極力阻止，說如果經常突出自家的好處，人家會有什麼感受？不要因此傷害了別人的感情。

上述兩個案例都在講述一個道理，那就是我們在與親人、朋友、同事等交往的時候，要防止太過高調，過分突出自己，讓別人感覺相形見絀，讓別人感覺心裡不平衡，產生不快，以致於影響了相互關係，而應多提到別人的好處，讓別人也有優越的感覺。這樣可以在和別人分享快樂的同時建立起良好的人際關係。

語言大師 精華提要

為人處世，低調一點總是沒錯的。過於高調只會得罪人，把自己陷於不利境地，實在是得不償失。

# 09 客客氣氣地與尊者說話

人而無禮，不知其可乎！

——孔子【春秋末期】

長輩、老人、老師、上司對每個人來說都是尊者，與這些人說話至少應做到客客氣氣，這是最起碼的尊重，否則會招致尷尬。

古時候，有個縣官帶領隨員騎著馬到王莊去處理公務，走到一個岔道口，不知朝哪邊走才對，正巧一個老農扛著鋤頭迎面走來。

縣官（坐在馬上神氣十足）：喂，老頭，到王莊怎麼走？

老農（頭也不回，只顧趕路）：……。

縣官（不悅，大聲吼）：喂！老頭，問你吶，沒長耳朵？

老農（停下）：我沒有時間回答你，我要去李莊看件稀奇事！

縣官：什麼稀奇事？

老農：李莊有匹馬下了頭牛。

縣官：真的？馬怎麼會下牛呢？

老農：世上的稀奇事多了，我怎知道那畜生為什麼不下馬？

這則故事告訴我們，在人際交往過程中對尊者說話時客氣的重要性。「人而無禮，不知其可」，粗俗的言行與得體的禮貌將產生與願望截然相反的交際效果。

在尊者面前說話，尊重與不尊重，結果的對比是十分鮮明的：

有一批應屆畢業生二十二個人，實習時被導師帶到國家某實驗室裡參觀。全體學生坐在會議室等待部長的到來，這時有祕書倒水給大家。同學們表情木然地看著她忙，其中一個還問了句：「有綠茶嗎？天氣太熱了。」祕書回答說：「抱歉，剛剛用完了。」

其中一個名叫小剛的學生看著有點彆扭，心裡嘀咕：「人家倒水給你還挑三揀四的。」輪到他時，他輕聲說：「謝謝您，大熱天的，您辛苦了。」祕書抬頭看了他一眼，雖然這是很普通的客氣話，卻是她今天聽到的唯一一句。

門開了，部長走進來和大家打招呼，不知怎麼回事，靜悄悄的沒有一個人回應。小剛左右看了看，猶豫地鼓了幾下掌，同學們這才稀稀落落地跟著拍手，由於不齊，越發顯得零亂。部長揮了揮手：「歡迎同學們到這裡來參觀。平時這些事一般都是由辦公室負責接待，因為我和你們的導師是老同學，非常要好，所以這次我親自來給大家講一些有關情況。我看同學們好像都沒有帶筆記本，這樣吧，杜祕書，請你去拿一些我們部裡印的紀念手冊，送給同學們作紀念。」接下來，更尷尬的事情發生了，大家都坐在那裡，很隨意地用一隻手接過部長雙手遞過來的手冊。部長臉色越來越難看，走到小剛面前時，已經快要沒有耐心了。就在這裡，小剛禮貌地站起來，身體微傾，雙手接住手冊恭敬地說了一聲：「謝謝您！」部長聞聽此言，不覺眼前一亮，伸手拍了拍小剛的肩膀：「你叫什麼名字？」小剛從容回答，部長微笑點頭回到自己的座位上。導師看到此景，微微鬆了一口氣。

兩個月後，畢業分配表上，小剛的去向欄裡赫然寫著該部委實驗室。有幾位頗感不滿的同學去找導師：「小剛的學習成績最多算是中等，憑什麼選他沒選我們？」導師看了看這幾張尚屬稚嫩的臉，笑道：「人家是點名來要的。其實你們的機會是完全一樣，你們的成績甚至比小剛還要好，但是除學習之外，你們需要學的東西太多了。修養是第一課，言行上一定要學會尊重，在長輩面前要客客氣氣。」

客客氣氣地與尊者說話，不僅表現了一種良好的修養，更是實現利益的必備條件。因為長輩、老人、老師有豐富的人生經驗，有廣泛的社會關係，有堅強的物質資源和權力資源，如果覺得孺子可教，他們往往會不吝惜地把這些教給我們。試想，如果當年張良不是始終用謙虛的態度對待那位神祕老人，怎麼可能得到傳說中的《太公兵法》，成為漢初三傑之一呢？

**語言大師 精華提要**

尊重師長是我們每一個人都應該做到的，千萬不能目無尊長、口無遮攔，那樣不只會讓對方下不了臺，也會顯得我們沒有修養。

# 10 反駁也要給別人留面子

只要一個人仍然能夠學習，仍然能夠培養新習慣，仍然能夠忍耐反駁，他都還算年輕。

——瑪麗．馮．艾布納【奧地利】

有些時候某些人說的話確實不對，而且讓人覺得錯得非常離譜，忍不住就會反駁他。可是在反駁的過程中，不能因為對方有某些無知或者失誤的地方就不尊重他，而一味想證明自己的正確和聰明。在反駁的過程中，也要學會給他人留面子。

一九六一年六月，英國退役陸軍元帥蒙哥馬利訪問中國。一次在河南洛陽參觀，他好奇地走進一家劇院，劇院正在上演豫劇《穆桂英掛帥》。當他瞭解該劇的劇情後，連連搖頭，說：「這個戲不好，怎麼能讓女人當元帥？」於是，他和中方陪同人員發生了一場小小的爭論。

開始時，中方陪同人員解釋說：「這是中國的民間傳奇故事，人們很愛看。」蒙哥馬利立即斷言：「愛看女人當元帥的男人不是真正的男人，愛看女人當元帥的女人也不是真正的女人。」

陪同人員不服氣地說：「我們主張男女平等，男人能辦到的事，女人也能辦到。」

蒙哥馬利毫不退讓：「讓女人當元帥是有損軍譽的。」

中方陪同人員反駁說：「英國女王也是女的。按照英國的政治體制，女王是英國的國家元首和全國武裝部隊的總司令，這會不會有損英國軍隊的聲譽呢？」

蒙哥馬利突然語塞，無話可說了。但顯然，他對這場爭論的結局，感到有些難堪，心中的不悅之感是可想而知的。

中方陪同人員在這件事情上的處理就不太恰當，被上級知道後，也批評了相關人員，並指出：「他有他的看法，何必去反駁他，弄得人家無話可說，就算你勝利了？」

之所以要批評有關的陪同人員，是因為那位人員當時疏忽了這一點，在爭論（或解釋）中把自己的意見或看法強加於人。特別是在外交往來中，沒有給對方留有餘地，讓對方下不了臺，將有損來賓的面子。

在社交中，誰都可能不小心弄出點小失誤，比如：念了錯別字、講了外行話、記錯了對方的姓名職務、禮節有些失當，等等。懂得說話的人如果發現對方出現這類情況時，只要是無關大局，就不會對此大加張揚，故意搞得人人皆知，使本來已被忽視了的小過失，一下變得顯眼起來。更不會抱著譏諷的態度，以為「這回可抓住笑柄了」，來個小題大做，以別人的失誤在眾人面前取樂。因為這樣不僅會使對方難堪，傷害其自尊心，惹其反感或報復，而且也不利於自己的社交形象，容易讓別人在今後的交往中對你敬而遠之，產生戒心。

如果為了逞一時的口舌之快，而對別人的話大加反駁以證明自己的話才是正確的，結果可能是贏了口風，輸了更多。

一個人在生活中若懂得給人留面子，其人際關係自然會比較融洽。別人如果真是錯誤的，時間久了他自己也會發覺，到時候還會感激你當時給他留了顏面。而如果一味說對方是錯誤的，他不但不承認，還會對你心生厭煩感，這就給你的人際關係增添了障礙。

## 語言大師 精華提要

為了保住別人的面子，你要多替別人著想。如果對方冒犯你，能寬容的便無須反應過激，不能忍受的可指出其錯誤所在，只求使其知錯，不要令人難堪。

如果對方是好意的提示，應誠摯致謝，不要為了維護自己的尊嚴而巧言強詞地辯解，甚至把別人的善意和誠意扭曲。

## 11 揭人之短的事絕對不做

打人不打臉，罵人不揭短。
——俗語

世上沒有十全十美的人，每個人總有自己的弱點、缺點或污點，在談話時一定要避開對方所忌諱的短處，因為忌諱心理人皆有之。如果在交際場合揭人家短處，輕則遭人冷眼，重則可能引發事端，禍及自身。

任博士身材高大，眉目清秀，美中不足的是中年微禿。雖然這純屬白玉微瑕，任博士卻深以為憾。如果有人戲說他「怒髮難衝冠」，他就會茶飯無味，三天三夜難以入睡；即使在他面前無意中說「這盞燈怎麼突然不亮了」或「今天真是陽光燦爛」等話，這位平素溫文爾雅的知識份子也會憤然變色，有時竟至於怒目圓睜，拂袖而去，弄得說話者莫名其妙，十分尷尬。

這使人聯想到魯迅筆下的阿Q。阿Q慣用精神勝利法安慰自己，因而少有耿耿於懷之事。別人欺他罵他打他，他都善於控制自己，心理很快會平衡，唯獨忌諱別人說他「癩」，因為他頭皮上確有一塊不大不小的癩瘡疤。只要有人當著他的面說一個「癩」字，或發出近於「賴」的音，或提到「光」、「亮」、「燈」、「燭」等字，他都會「全疤通紅地發起怒來，口訥的便罵，力小的便打」。

摩洛哥有句俗語叫：「言語給人的傷害往往勝於刀傷。」這是實情。人與人之間，為搞好關係，不要揭人短處。揭短的言語不論是對人或對事，都會讓人受不了，會使人際關係出現阻礙。大家寧可離你遠遠的，免得一不小心被你的直言直語灼傷；即使無法離你遠遠的，也要想辦法把你趕得遠遠的，眼不見為淨，耳不聽為靜。

一天，在公司的集會中，小張看到一位女同事穿了一件緊身的新裝，與她胖胖的身材很不相稱，便直言直語道：「說實話，妳的這件衣服雖然很漂亮，但穿在妳身上就像給油桶包上了艷麗的布一樣，因為妳實在是太胖了！」

女同事瞪了小張一眼，生氣地走開了，從此再也沒有理過他。

揭短猶如一把利劍，在傷害別人的同時，也會刺傷自己。俗話說「打人不打臉，罵人不揭短」。人既是堅強的，也是脆弱的。尤其是當一個人覺得他的自尊受到傷害，他將要顏面掃地時，他的潛能就會爆發出來，他會死要面子，死「扛」到底。因此，在說話交談時，必須注意不能一味地揭他人傷疤。

每個人都一樣，都有忌諱的東西，只有我們平常多注意迴避他人忌諱的事物，口頭上避免提及就能省去很多不必要的麻煩。那麼，到底哪些可能成為別人的忌諱呢？常見的一般有以下幾個方面：

**一、醜陋之點**

人人都有愛美之心，不幸的醜陋者和殘疾者大多有自卑感，不願聽到跟自己的短處有關的話題。禿頂者忌說「亮」，胖子忌說「肥」，矮子忌說「武大郎」，其貌不揚者忌說「醜八怪」，跛子忌說「舉足輕重」，駝背忌說「忍辱負重」，等等。

有生理缺陷的人本來就很痛苦，如果再被別人拿來取樂，會對他（她）造成很大的傷害，也容易激怒他們。比如有的人很胖，有的人很瘦，有的很高，有的又很矮，還有的人是拐子，也有的人長得醜，等等。這些本是有目共睹的事實，別人不提也罷，但是如果以譏諷的口氣當眾指出時，就會讓人感到難堪，產生不滿。

## 二、失意之處

人生在世，總希望自己能一帆風順，有所作為，實現人生的價值。但是，月有陰晴圓缺，人難免有失意之處，或高考落榜，或戀愛受挫，或久婚不育，或夫妻反目，或就業不順利等，諸如此類的失意之處暫時忘卻倒也輕鬆，有人有意無意提起就使人心灰意懶，沮喪不已。萬事如意、躊躇滿志之人則多以昔日的失意為忌諱，生怕傳播開了有失顏面。

## 三、痛悔之事

人的一生中免不了會犯許多錯，而一旦知錯便會痛悔之至，以後一想起自己曾犯過的錯誤就自覺臉上無光。犯過品格錯誤者（如曾有偷竊或生活作風問題）更是諱莫如深，如果聽到有人說起類似的錯誤，就有芒刺在背、無地自容之感。

在人生路上人人都難免失足、犯錯誤，只要改了就好。有些問題一旦改正成了歷史，當事人就不願意提及這不光彩的一頁，更不希望有人拿它當話題到處說。如果有人拿這些問題做文章，就等於在人家傷口上撒鹽，也有損人家的名譽，這是不能容忍的。

## 語言大師 精華提要

翻人家的污點，觸及人家的短處，不管是有意還是無意，對己對人都是不利的，我們在口語交際時應該小心這一點。

# 12 給別人「臺階」，避免對方丟面子

泥菩薩洗臉——失（濕）面子，越洗越難看

——歇後語

在社交活動中，能適時地為陷入尷尬境地的對方提供一個恰當的「臺階」，使對方免丟面子，算是處世的一大原則，也是為人的一種美德，這不僅能獲得對方的好感，而且也有助於自己樹立良好的社交形象。否則對方沒能下得「臺階」而出了醜，可能會記恨終生。相反的，若注意給人「臺階」下，可能會讓人感激一生。

外圓內方的人，不但會儘量避免因自己的不慎而使別人下不了臺，而且還會在對方

可能不好下臺時，巧妙及時地為其提供一個「臺階」。這是因為他們在幫助別人「下臺」時，掌握了正確的方法。

## 一、不露聲色搭臺階

心理學的研究顯示，誰都不願把自己的錯處或隱私在公眾面前「曝光」，一旦被曝光，其就會感到難堪或惱怒。因此，在交際過程中，如果不是為了某種特殊需要，一般應儘量避免觸及對方所避諱的敏感區，不要使對方當眾出醜。必要時可委婉地暗示對方其已知道他的錯處或隱私，便可對他造成一定的壓力。但不可過分，只需「點到為止」。既能使當事者體面地「下臺階」，又儘量不使在場的旁人覺察，這才是最巧妙的「臺階」。有一則報導很能啟發人。

在飯店，一位外賓在吃完最後一道茶點後，順手把精美的景泰藍食筷悄悄「插入」自己的西裝內衣口袋裡。服務小姐不露聲色地迎上前去，雙手拿著一只裝有一雙景泰藍食筷的綢面小匣子說：「我發現先生在用餐時，對景泰藍食筷頗有愛不釋手之意。非常感謝您對這種精細工藝品的賞識。為了表達我們的感激之情，經餐廳主管批准，我代表公司，將這雙圖案最為精美並且經過嚴格消毒處理的景泰藍食筷給您，並按照飯店的

『優惠價格』記在您的帳上，您看好嗎？」那位外賓當然明白這些話的弦外之音，在表示了謝意之後，說自己多喝了兩杯「白蘭地」，頭腦有點發暈，誤將食筷插入內衣口袋裡，並且聰明地藉此「臺階」，說「既然這種食筷不消毒就不好使用，我就『以舊換新』吧！哈哈哈。」說著取出內衣口袋裡的食筷放回餐桌上，接過服務小姐給他的小匣，不失風度地向付帳處走去。

如果服務員想讓這位外賓「出洋相」真是太容易了，但她沒有那樣做，而是委婉地暗示對方的錯處。外圓內方的人往往都會這樣不動聲色地讓對方擺脫窘境。

**二、增光添彩設臺階**

有時遇到意外情況使對方陷入尷尬境地，這時，外圓內方的人在給對方提供「臺階」的同時，往往會採取某些妥善措施，及時給對方的面子上再增添一些光彩，讓對方更加感激不盡。

此外，還有順勢而為送臺階法和揮灑感情造臺階法。

順勢而為送臺階法，就是依據當時當場的勢態，對於對方的尷尬之舉加以巧妙解釋，使原本只有消極意味的事件轉而具有積極的含義。揮灑感情造臺階法，就是故意以嚴肅的態度面對對方的尷尬舉動，消除其中的可笑意味，緩解對方的緊張心理。

## 語言大師 精華提要

人人都有下不了臺的時候。學會給人下臺階，既可以緩解緊張難堪的氣氛，使事情得以正常進行，又能夠幫助尷尬者挽回面子，增進彼此的關係。要達到這樣的目的，我們應系統地學會使用以上技巧。

PART 4

# 說話掌握分寸，避免得罪人

# 01 管住自己的嘴，沒用的話不要說

說話周到比雄辯好，措辭適當比恭維好。

——培根【英國】

在日常生活中，我們如果稍加留意，就會發現許多人在說話中有一些毛病。雖然這些毛病不具有決定意義，但如果不加以注意，就會大大影響談話效果。一般人在交談中，常常容易出現以下幾個方面的問題：

**一、用多餘的套語**

有些人喜歡在交談中使用太多的或不必要的套語。例如，一些人喜歡什麼地方都加上一句「自然啦」或「當然啦」之類詞句；另一部分人喜歡加太多的「坦白說」「老實說」一類的套語；也有人喜歡老問別人「你明白嗎」或「你聽清楚了嗎」；還有的人喜歡說「你說是不是」或「你覺得怎麼樣」，如此等等。像這類的毛病，你自己可能一點都不覺得。要克服這類毛病，最好的辦法是請你的朋友時刻提醒你。

**二、有雜音**

有些人談話本來很好，只是在他的言語之間摻上了許多無意義的雜音。他們的鼻子總是一哼一哼地響著，或者是喉嚨裡好像老是不暢通似的，輕輕地咳著，再要不就是在每句話開頭用一個拖長的「唉」，像怕人聽不清楚他的話似的。這些毛病，只要自己有決心，是可以改掉的。

**三、諺語太多**

諺語本來是詼諧而有說服力的話，但諺語太多也不好。用太多諺語，往往會給別人造成油腔滑調、嘩眾取寵的感覺，不僅無助於增強說服力，反而使聽者覺得有累贅感。諺語只有用在恰當的地方，才能使談話生動有力。

**四、特別愛用一個詞**

有些人不知是因為偷懶、不肯動腦筋找更恰當的字眼，還是有其他方面的原因，特別喜歡用一個字或詞來表達各式各樣的意思，不管這個字或詞本身是否有那麼多的含義。例如，許多人喜歡用「偉大」這個詞。在他的言談中，什麼東西都偉大起來了。「你真太偉大了」「這盆花太偉大了」「今天吃了一餐偉大的午飯」「這批貨物賣了一個偉大的價錢」等等，給別人一種華而不實的印象。因此，我們要盡可能地多記一些詞彙，使自己的表達盡可能準確而又多樣化。

## 五、太瑣碎

許多人在談話過程中瑣碎得令人討厭。例如，講述自己的經歷本來是最容易講得生動、精采的，很多人也喜歡聽別人講其親身經歷。但是，許多人講自己經歷的時候，一味地不分主次地平鋪直敘，覺得自己所經歷的樣樣都有味道，都有講出來的必要，結果反而讓聽者茫然無頭緒、雜亂無章、索然無味。

講經歷或故事，要善於抓重點，善於瞭解聽者的興趣在哪一點上，少用對話。在重要的關節上講得盡可能詳細一些。其他地方，用一、兩句話交代過去就好了。

## 六、過分使用誇張的手法

誇張的手法有種引人注意的效果。不過，我們不能把誇張的手法用得太過分，否則別人就不會相信你的話。

人們在現實生活中，不可能每次都說是「非常重要」的消息，也不可能每次都講「最動人的」故事或「最可笑的」笑話。因此，不要到處用「非常」「最」「極」等字眼，否則當你在無數的「最」中有一個真正的「最」時，要怎樣表示呢？難道要說「這件事對我是最、最重要的」嗎？如果你真這樣說，別人聽了也會無動於衷，因為他們認為你是一向喜歡誇大事實的人。

除了上述六點之外，我們還應該注意自己在談話中的聲調、手勢、臉部表情等方面，努力使各個方面協調、得體。這樣，我們就能大大增強自己說話的吸引力。

**語言大師 精華提要**

說話辦事要懂得分寸，知道什麼該說，什麼不該說，什麼該說三分，什麼該說七分。

# 02 別拿惡語低俗當風趣

玩笑，是朋友交往中不可少的；取笑，卻應當從交往中戒除。
——佚名

一提到「肉麻」二字，人們往往聯想到「性」。性是個敏感的話題，卻也是一個人們感興趣的話題。不過，由於「性」的特殊敏感性，大多數人對此諱莫如深。談性的時候，小心為好，慎重為佳，時機、對象、分寸都要掌握得恰到好處，不然會產生較大的負面效應。

古人講的四大喜事是：「久旱逢甘雨，他鄉遇知音，洞房花燭夜，金榜題名時。」

這「洞房花燭夜」是眾所皆知的人生一大喜，不但新人眉飛色舞，親戚朋友也是笑顏逐開，人們在祝賀送禮之外，總是喜歡和新人開玩笑。而且不少人最開心的玩笑，都是帶有性色彩的玩笑。老一輩人留下了「三天無大小」的習俗，長幼、親朋、男女之別被打破了，再加上喝幾杯酒壯膽，嘴就沒了遮攔，不由自主，污言穢語如下水道堵了直往上冒。

有個人，在為新人祝賀時說：「在你們『性』生活開始的時候，我要為你們獻上一首詩。」馬上有人插科打諢說：「是新生活，不是性生活。」那位還趾高氣揚地說：「我普通話說得不好，『新』和『性』不分，不過只要大家『知我意』就行！」

他獻上那詩的內容簡直低俗之至，羞得一對新人恨不得找個地縫鑽進去。此時新郎的弟弟氣不過，罵了聲「放屁」，掄起了拳頭。若不是人們及時拉開，一定會釀成大禍。

其實，類似低俗的話語原本就算不上風趣，應馬上送進「回收站」裡去，說此類話的人也應自省。尊重新人的人格是開有性色彩玩笑的前提，不傷大雅，點到為止，往往還能增添一番情趣。

健康、風趣的幽默自然受大家歡迎，也易讓人接受。正如英國著名戲劇家莎士比亞說過：幽默和風趣是智慧的閃現。同樣，法國作家雷格威更斷言，幽默是比握手更進步的大文明。

然而，生活中除了我們前面所提污穢、令人肉麻的玩笑外，那些低級粗俗的幽默也不可取。例如：一個陪客突然放了一個屁，他自己也紅了臉，但立刻想法子去掩飾，就連續用手磨皮椅發出聲音。而另一位客人卻接著說：「還是第一聲比較像。」像這類低級庸俗的話也算是幽默嗎？所以，在幽默過程中我們應儘量避免不潔、不雅的內容和形式出現。

**語言大師 精華提要**

開玩笑最忌諱惡語低俗，那只會讓別人心生厭惡，是不會有什麼好處的。

# 03 「重」的玩笑，可能並不可「笑」

沒有比真實的玩笑更壞的了。

——義大利諺語

開玩笑是生活的調味品，開玩笑可以減輕疲勞，調節氣氛，縮短朋友和同事之間的距離，彼此之間產生衝突時，一句玩笑話可以化干戈為玉帛，消除積怨；開玩笑也可以用作善意的批評或拒絕某人的要求。但開玩笑要把握尺度，掌握分寸，若玩笑開得過火會給人一種被耍弄的感覺，弄不好「說者無意，聽者有心」，會加深或引發與他人的糾紛。

愛說笑的人一般都心懷善意，他們想做的只不過是要多給人增加一份快樂而已。但無論怎樣，玩笑話有傷人的可能，其界限是耐人尋味的。對開玩笑和詼諧，必須隨時記住會有傷人的危險，要小心翼翼不能踏錯一步，否則一步走錯全盤皆輸，得不償失。萬一說了傷人的話，一定要誠心誠意道歉，不能就此放任不管。

開玩笑要注意對象，還要有輕有重，「重」的玩笑多半是開不得的，它只能在比較特殊的場合才能開。若在一般場合開比較「重」的玩笑，可能就不再可笑了，甚至會變成悲劇。朋友聚會，為了活躍氣氛，應該選擇一些比較輕鬆的玩笑開，如果不是特殊需要，切不可開比較「重」的玩笑。

開玩笑之前，務必要考慮這個玩笑帶來的後果，不該開的絕不要隨便開，有時開玩笑，還要考慮到自己的特殊身分及開玩笑的對象，不然也會發生意外，這是應該引起我們注意的。

總之，開玩笑不能過分，尤其要分清場合和對象。開玩笑的忌諱主要有以下幾點：

*1.*和長輩、晚輩開玩笑忌輕佻放肆，特別應忌談男女情事。幾輩同堂時的玩笑要高雅、機智、幽默、解頤助興、樂在其中。在這種場合，忌談男女風流韻事。當同輩人開這方面玩笑時，自己以長輩或晚輩身分在場時，最好不要摻言，只要若無其事地旁聽就

可以了。

2.和非血緣關係的異性單獨相處時忌開玩笑（夫妻自然除外），哪怕是開正經的玩笑，也往往會引起對方反感，或者會引起旁人的猜測非議。要注意保持適當的距離。當然，也不能拘謹彆扭。

3.和殘疾人開玩笑，注意避諱。人人都怕別人用自己的短處開玩笑，殘疾人尤其如此。俗話說，不要當著和尚罵禿子，癩子面前不談燈泡。

4.朋友陪客時，忌和朋友開玩笑。人家已有共同的話題，已經形成和諧融洽的氣氛，如果你突然介入與之玩笑，轉移人家的注意力，打斷人家的話題，破壞談話的雅興，朋友會認為你掃他面子。

**語言大師 精華提要**

朋友聚會，大家不免要開開玩笑，玩笑不傷大雅無妨，不有意無意揭人傷疤也無妨。這樣可以使氣氛更歡愉，彼此沉浸在往事的回憶中，倒是一種樂趣。然而，有時不該說的說了，就會使氣氛驟變，若是有朋友攜好友或戀人同往，情況還會更糟。

# 04 適當回應，但不能人云亦云

槽床過竹春泉句，他日人云吾亦云。

——蔡松年

生活中不乏這樣一些人，他們沒有自己獨立的思想和見解，或者不敢堅持和維護真理，說起話來哼哼哈哈、人云亦云，對人對事態度不明確，一味「好好好、是是是」。這樣的人可能是不動腦筋的懶漢，也可能是圓滑世故、趨炎附勢的小人。在人際交往中，他們最終會落得失敗的下場。

有一些人，思想懶惰，不願動腦筋，在交際時看到別人說什麼，自己也跟著說。他們既不去研究別人說的話是正確的還是錯誤的，也不去思考自己應該怎麼說和不應該怎麼說。比如要推薦一個幹部，大家都說好，他也跟著說好，大家都舉手，他也把手舉起來。你要問他為什麼贊成，他是說不出原因的：因為對他來說贊成是盲從，不贊成也是盲從。

人云亦云，就像鸚鵡學舌一樣，他不明白人家為什麼這樣說，反正是人家這樣說了，他也就學人家的樣子把人家的話搬過來說。這樣不分情況地亂用人家的話，除了收不到好的效果，說不定還會帶來不良後果。

佛經中有這樣一個故事，說是有一次，僧人舍利佛和摩訶羅來到一個德高望重的長者家裡。這位長者極為富有且又好客，見兩位僧人來後，十分高興。恰巧這一天，長者家裡有位到海外的商販獲得了很多珍寶，此時國王也賜長者為該部落的頭領，長者的妻子又生下了一個男孩，幾件值得歡慶的大喜事都聚集到了這一天。

他倆來後受到了熱情的款待。此時，舍利佛對長者說了幾句祝願的頌詞：「今日良時得好報，財利樂事一齊集；踴躍歡喜心悅樂，信心誦發念十力。」（十力為佛教中佛與菩薩的十種力量）

「像今天這樣吉祥的日子，希望今後常常來臨。」

長者聽完這篇頌詞，心中十分高興，便馬上施捨給舍利佛兩匹最精細的白毛巾。摩訶羅卻什麼也沒得到。事後，摩訶羅心想：舍利佛之所以得到東西，不就是由於幾句慶賀祝願的頌詞嗎？我以後也要學學。

過了些時日，長者又宴請僧人。這次摩訶羅被尊為上座。當時正值長者家中商販出海獲得的珍寶被海盜搶了，長者的岳父家裡又牽連了一起官司，長者的男兒夭亡，而摩訶羅卻對長者說了一遍舍利佛教給他的那幾句頌詞，並說：「但願像今天這樣的吉祥日子以後常常來臨。」長者聽到這樣的頌詞，氣炸了，立刻叫人鞭打他並將他驅逐出去。可憐摩訶羅挨打還不知是何緣故。

鸚鵡是沒有頭腦的，而人作為高級動物是應該學會說話的，如果不分情況，別人咋說你咋說，吃虧的將是你自己。有些人，為了巴結權貴或者為了勾結同類，不分是非，別人說「對」，他就說「不錯」；別人說「假」，他就說「不真」；與他人唱一個調子，好像應聲蟲一樣。這種人雖然暫時能受到少數人的恩寵，但卻為大部分人所不齒，長期如此，不會有好下場。說話的目的主要是表達自己內心所想所感，並不是模仿別人的美麗辭藻、動人聲調，就能談笑風生。

有位先生曾因病住院，痊癒後他抒發感想：

「有些朋友真不愧為知心，像老陳就是很不錯的一個。雖然他只來看我一次，但渾身充滿友情，叫人感動萬分。」

老陳到底用什麼方法探病，讓這位朋友感激涕零？是否說了許多漂亮辭藻，而以動聽的言辭慰問呢？全然不是。他一踏進病房就說：「怎麼回事？臉上這麼蒼白，你這笨傢伙，怎麼又病了？躺著比較舒服是不是？不起來沒關係，但老是睡在床上不是愈睡愈糟嗎？別哭喪著臉，趕快振作起來啊！這兩天你不在，我連喝酒也渾身不對勁，興致全無。」

這些話多少帶點粗獷味道，但在那位先生耳朵裡，卻充滿誠摯的情意。他看著老陳的表情，內心一定在想：「啊！真謝謝你，只有你才能使我如此開心。」這樣想著，眼眶不由得一陣濕熱，激動得無以名狀。

相反的，對那些礙於情面，不得不來虛應一番的人，儘管用動聽言辭與柔美聲調來致安慰之意，他仍是毫不領情。當別人說：「唉！真不幸！我想應該馬上就好了，我回去會替你向神禱告。」他的反應是：算了吧！禱告什麼？我又不想上天堂！趕快滾！

這是必然現象。最基本的要領未能把握，再好的詞彙也無濟於事。不論你看多少雄辯的書，或有關頌贊的詞的參考書籍，是否就能使能力提升？老實說，此路不通。這些參考書，即使有其本身價值，但做這種拾人牙慧的事，其結果必將落得一無所得。畢竟那些別人的話語，不能成為我們心裡所思所想的真意。

**語言大師 精華提要**

人云亦云，不僅會讓別人覺得我們沒有主見，還會覺得我們是在敷衍他，這樣的雙重誤會會加重別人對我們的不好印象。

# 05 口頭禪過多只會招來反感

智者說話，是因為他們有話要說；愚者說話，則是因為他們想說。

——柏拉圖【古希臘】

本來很好的語言，如果加入許多口頭禪，會好像玻璃蒙上一層灰一樣，大大減少它原有的光彩。

有人喜歡在談話中，用太多不相干、不必要的口頭禪。例如，什麼地方都加上一句「自然啦」，或「當然啦」這類的詞句；也有些習慣性地在每一句話的語首語尾，加一句「我跟你說」，「你說可笑不可笑」。像這一類的小毛病，可能你自己平時一點也不覺得，要問一問你的朋友們，請他們替你注意一下，有則改之。

在平常與人講話或聽人講話之時，經常可以聽到「那個、你知道、他說、我說」之類的詞語，如果你在說話中反覆不斷地使用這些詞語，那就是口頭禪。口頭禪的種類繁多，即使是一些政治家在電視訪談中也會出現這種毛病。

有時，我們在談話中還可以聽到不斷的「啊」、「呃」等聲音，這也會變成一種口頭禪，如果你有答錄機，不妨將自己打電話時的聲音錄下來，聽聽自己是否出現這種毛病。一旦弄清自己的毛病，那麼在以後與人講話的過程中，就要時時提醒自己注意這一點，當你發現他人使用口頭禪時，你會感到這些詞語是多麼令人煩躁，多麼單調乏味。

有的人說話時經常使用粗俗、不堪入耳的語言。這種口頭禪會給人留下極為惡劣的印象，不僅降低了本人的身分和品味，還會使人大生反感，這些都應該下工夫快快戒除。

還有的人在與人交談之中，經常使用如「你知道嗎」、「我跟你說」、「你明白嗎」、「是不是啊」，等等。它們往往只是說話的一種語言習慣，在句子裡沒有實際意義，卻反覆出現。這種口頭禪給人一種自以為是、盛氣凌人、居高臨下、輕視蔑視對方的感覺，容易讓聽的人心理上產生不舒服的感覺。

## 語言大師

### 精華提要

口頭禪大多在無意識中不自覺地形成，它反映了人身上某些修養的欠缺，有的較明顯，有的則從微妙的細節中體現出來。

出於工作和社交的需要，人們無可避免需要與人交談，所以，要想給人留下彬彬有禮、謙遜而幹練的美好印象，必須戒掉不良口頭禪。

# 06 自吹自擂，會讓自己變得毫無價值

你若不說話，不會有麻煩。你若開了口，就得有才幹。

——薩迪【伊朗】

愛自我誇大的人是找不到真正的好朋友的，因為他自視甚高，睥睨一切，不大理會別人的意見，只會自己吹牛。他只想找奉承和聽從他的群眾，而不是朋友，於是朋友們都避之唯恐不及。他常自以為是最有本領的人，如果他做生意，就覺得沒人比得上他；如果他是藝術家，就自以為是一代大師；要是他在政治舞臺上活動呢，會覺得只有他才能拯救世界救人類。面子是別人給的，臉是自己丟的。若具真實本領，那麼讚美的話應

該出自別人的口，自吹自擂其實是丟自己的臉而已。凡有修養的人必不隨便說及自己，更不會誇張自己。他很明白，個人的事業行為在旁人看來是清清楚楚的。

請你不必自己吹擂，與其自己誇張，不如表示謙遜，也許你自己以為偉大，但別人不一定同意，自己捧自己，絕不能捧得太高。好誇大自己事業的重要性，間接為自己吹擂，縱使你平日備至崇敬，聽了這話別人也會覺得不高興。世間沒有一件值得向人誇耀的事情，自己不吹擂時，別人還會來稱頌，自己說，人家反而瞧不起了。

有的人專門喜歡表示與別人不同的意見，處處故意表示與別人看法不同，比如說：你說這是黑的，他在這個時候就硬說是白的；後來你又改變了看法也說這是白的，他在這個時候就會反過來，說它是黑的了。這種人與那些處處隨聲附和的人，一樣會被人看不起，最後還有可能會讓人認為他是一個不忠實的人。

好口才幫助你待人處世，沒有一個人不願意做一個口才好、到處受人歡迎的人。但是若為了展現你的口才，到處逞能，這樣只會惹人憎厭，所以口才應正確且靈活地表現。

在談話時，有可能會出現一些分歧，這時如果立刻提出異議，對方一聽會感到別人對自己不尊重，覺得自己的意見被完全否定了，這樣的結果很顯然是令人不愉快的。如果這種場合真的出現，就要把事情說得清楚一點，要先說明哪一點是自己同意的，哪些地方也完全同意他的看法，然後再把不太同意的某一點說出來。對方在這種情況下，也會比較容易接受你的批評或修正，因為他知道了雙方在主要部分的意見還是完全一致的。

所以，無論怎樣，都要預先表示對方意見中你所同意的各點，就算它是不重要的一點，也要說出來。這樣做的目的，是為了緩和談話的氣氛。

## 語言大師 精華提要

要避免在陌生人面前誇耀你個人的成就、你的富有，或者總對人說自己的小孩如何如何了不起之類的話。當然，也不要在一般的公共場合，把朋友們的缺點與失敗當做是聊天的話題，更不要發一些無謂的牢騷，訴苦和發牢騷不是獲得同情的好方法，這也是做人的一些基本態度。

# 07 將心比心，說話注意輕重感

傾聽你內心的聲音，它通常是對的。

——摩根・西爾克【英國】

事情有緩急，說話有輕重。有些人在日常交際中，對問題缺乏理智，不考慮後果，說話不分輕重，以致說了一些既傷害他人、也不利自己的話。其實，把話說得有輕有重，並非人們想像中的那麼難。只要將心比心，把自己對別人說的話放在對自己說的位置上想一想，就知道我們所說的話有多少分量。

說話輕重，通常出現在規勸或批評對方的情況中，所以掌握好輕重的比例，是非常重要的。人非聖賢，孰能無過，當我們發現對方行為有所缺失時，不必說得太露骨，稍微暗示一下對方，或者旁敲側擊地提醒，對方通常就能夠明白你的意思，還會對你的善意規勸表示好感。

那些熟諳暗示手段提醒別人的人，通常能將自己善意的評價和論斷很好地傳達給對方，其結果通常使評價方和被評價方獲得雙贏。雖然人人皆知直言不諱是耿直的表現，但是物極必反，有時候態度越是強硬，就越是達不到你想要的效果。最為高明的手段是根本不提「批評」二字，而是逐漸「敲醒」聽者，啟發他自我反省。

奉勸別人的話並不是隨口說出來的，我們必須思考應該以什麼樣的方式把它說出來而不會讓對方難堪。對於那些有自知之明的人，最好採用暗示的方式，因為這樣做就可以達到勸說的目的了，無須再把話挑明了反而多加一層傷害。以下四點也需要格外注意。

1. 不要不負責任地肯定或否定他人的做法。

2. 以給人留面子為前提，側面提醒，點到即止。

3. 一旦與人爭論發生衝突時，不要把話說絕。特別是朋友之間的衝突，也許你的一句「斷交」，就此便失去了人生最好的朋友。在一些公共場合說出重話，會引起對方的暴躁心理，一旦對方忍無可忍出言回罵或動手傷人，對自己將非常不利。

4.對任何事情進行判斷時，都要多聽、多看、多思考，切忌武斷做出肯定或否定，然後隨意地附和某一方。要對你所聽、所見、所感進行綜合衡量，這樣你說出的話才有分量。

**語言大師 精華提要**

說話一定要輕重感，尤其與不太熟的人交流時更要注意，否則別人會對你反感或是輕視你。

# 08 掌握分寸，避免語言的衝突

吃飯要嚼，說話要想。

——非洲諺語

語言上的衝突，這種衝突的表現形式是多種多樣的，比如說反問、責問、嘲罵、謾罵等，有時候還會表現在一些體態語中，比如說皺眉頭、不屑一顧等。

但是，人際交往中的語言衝突十分有害。它很容易造成一些尷尬的局面，甚至產生不可預想的結果，這對交往是十分不利的。所以，在與人交談的過程中，應極力避免衝突。要避免衝突首先就要提升自身的修養。

再者，對於別人無意間的語言衝撞也要表現出應有的大度，讓自己佔據主動優勢。即使是別人有意衝撞，你對之進行反駁時，也要嚴守一個「度」，把握住應有的分寸，否則會造成不必要的損失。

如果雙方衝突的局面已經形成，你不妨採用下列的辦法一試。

**一、暫時迴避**

當你在演講中，或與人接觸時受了一些氣時，最好是先讓自己冷靜，用一切方法來解除你的煩惱，直到恢復你的心情為止。

**二、一笑了之**

對待那些生活中無傷大雅、爭論起來也沒什麼意義的衝撞，不妨像蘇格拉底這樣詼諧對待，一笑了之。

**三、先聲奪人**

在你洞明對方故意耍弄手段，欲尋釁衝撞時，就可抓住要害先發制人，開門見山的亮出自己的觀點。這不啻給對方「當頭棒喝」，給他一個下馬威，制服對方，進而避免衝撞。

要特別提醒的是，避免言語衝撞不能靠謾罵、翻白眼、鬥毆等消極的方式，否則不但無法避免衝突，也會讓勢態更惡劣化。如果你面前的是一位野蠻、粗俗、無理的人，你還可以採取據理力爭的方法，堅持原則，絕不遷就軟弱，爭端自然會解決。

雙方相爭，必有一傷，也可能兩敗俱傷，所以在與別人交往的過程中，必須要注意避免語言衝突的分寸與藝術，以免讓情形不可收拾。

## 語言大師 精華提要

謹慎用語，力避衝撞，這是人際交往中不能不加注意的重要之點，特別是那些涉世未深、年輕氣盛的年輕人更要注意。

# 09 衝突發生後，不可口出惡言說絕話

出籠的鳥兒難飛回，說話過頭難收回。

——緬甸諺語

在發生衝突後，雙方心裡一定都不痛快，很容易失態，口出惡言把話說絕了。一時把話說絕了，痛快也只是一時的，而受傷害的是雙方長遠的關係和自己的聲譽。所以，即使有了再大的衝突，我們也應該注意一點，就是不把話說絕，給對方也給自己一個臺階下。

一位顧客在商場買了一件外衣之後，要求退貨。衣服她已經穿過一次並且洗過，可

是她堅持說「絕對沒穿過」並要求退貨。

售貨員檢查了外衣，發現有明顯的乾洗過的痕跡。但是，直截了當地向顧客說明這一點，顧客是絕不會輕易承認的，因為她已經說過「絕對沒穿過」，而且還精心地偽裝過。

於是，售貨員說：「我很想知道是否你家的某位把這件衣服錯送到乾洗店去過，我記得不久前我也發生過一件同樣的事情。我把一件剛買的衣服和其他衣服放在一起，結果我丈夫沒注意，把這件新衣服和一堆髒衣服一股腦地塞進了洗衣機。我覺得可能你也會遇到這樣的事情，因為這件衣服的確看得出有被洗過的痕跡。不信的話，可以跟其他衣服比一比。」

顧客知道無可辯駁，而售貨員又為她的錯誤準備了藉口，給了她一個臺階下。於是，她順水推舟，收起衣服走了。

售貨員如果直接揭穿顧客的「伎倆」，再強硬地駁回對方的要求，就等於在大庭廣眾下把話說絕了，換來的只會是一場尷尬和不歡而散。

現實中，人們普遍存在著吃軟不吃硬的心態。特別是性格剛烈的人，如果你說話

「硬」，他也可能比你更硬；你如果來「軟」的，對方倒可能於心不忍，也就有話好好說了。

有的人會說，發生這種事我就打算和他絕交了，把話說絕了又怎麼樣。真的是這樣嗎？要知道，暫時不往來並不等於絕交。

友好的分手還會為日後可能出現的和好埋下伏筆。有時，朋友間絕交並非是彼此感情的徹底泯滅，而是因一時誤會造成的。如果是採取友好分手的方式，不把話說絕，那麼有朝一日誤會解開，很可能就會破鏡重圓，使友誼的種子重新綻放出絢麗的花朵。

有的人不明白這個道理，他們一和別人發生衝突時就取下策而用之，與人反目為仇，謾罵指責，把話說得很絕以解心頭之恨。這樣做痛快倒也痛快，但他們沒想到，在把別人罵得狗血淋頭的同時，也暴露了自己人格上的缺陷。人們會從這樣的情景中看到，他對別人居然如此刻薄，如此不留情面，如此翻臉不認人。

**語言大師 精華提要**

在與人發生衝突時不把話說絕，能表現一個人的寬容大度和高尚品格。

在正常情況下，人們的度量大小是很難表現出來的。但是當與別人發生了衝突，使你難以容忍的時候，能否容人，那就看得一清二楚了。這時只有思想品格高尚的人，才能保持理智，以寬容的姿態，不把話說絕避免傷害對方。

友好解決能使發生衝突的彼此免受進一步的傷害，也可以說這是留給對方的真誠。

# 10 可能不利己的話，可轉個彎說

君子篤於義而薄於利，敏於事而慎於言。

——陸賈

在某些特定的場合，如果把話說得太直、太透，可能會引起對方的不滿，或者對自己產生不利的影響，但意思又不能不表達。這時，如果說話轉個彎，在表達了自己的意見同時，也算為自己留了條後路。

古時候，有一個縣官很喜歡附庸風雅，儘管畫術不佳，但畫畫的興致很高。他畫的虎不像虎，反而像貓。並且，他還每畫完一幅畫，都要在廳堂內展出示眾，讓眾人評說。大家只能說好話，不能說不好聽的話，否則，就要遭受懲罰，輕則挨打，重則流放他鄉。

有一天，縣官又完成了一幅「虎」畫，懸掛在廳堂，召集全體衙役來欣賞。

縣官得意地說：「各位瞧瞧，本官畫的虎如何？」

眾人低頭不語。縣官見無人附和，就點了一個人說：「你來說說看。」

那人戰戰兢兢地說：「老爺，我有點怕。」

縣官：「怕什麼？別怕，有老爺我在此，怕什麼？」

那人：「老爺，你也怕。」

縣官：「什麼？老爺我也怕。那是什麼，快說。」

那人：「怕天子。老爺，你是天子之臣，當然怕天子呀！」

縣官：「對，老爺怕天子，可是天子什麼也不怕呀！」

那人：「不，天子怕天！」

縣官：「天子是天老爺的兒子，怕天有道理。那天老爺又怕什麼？」

那人：「怕雲。雲會遮天。」

縣官：「雲又怕什麼？」

那人：「怕風。」

縣官：「風又怕什麼？」

那人：「怕牆。」

縣官：「牆怕什麼？」

那人：「牆怕老鼠。老鼠會打洞。」

縣官：「那麼，老鼠又怕什麼呢？」

那人：「老鼠最怕它！」來人指了指牆上的畫。

縣官聽了哈哈大笑。

被點名的差役沒有直接說縣太爺畫的虎像貓，而是繞著彎說話。讓縣官在眾人面前保住了顏面，又讓自己避免了一場災難。

## 語言大師 精華提要

無論在什麼場合，什麼情況下都要掌握說話分寸，儘量做到該說的說，不該說的就不說，創造一個和諧的氛圍。

# 11 拿不準的問題不要武斷

只要你說話有權威，即使是撒謊，人家也信你。

——契訶夫【俄】

一般人並不怕聽反對自己的意見，不過人人都願意自己用腦筋去考慮一下各種問題。對於自己未必相信的事情，都願意多聽一聽，多看一看，然後再下判斷。

為了給別人考慮的餘地，你要儘量緩衝你的判斷結論。把你的判斷限制一下，聲明這只是個人的看法，或者是親眼看到的事實，因為可能別人跟你有不盡相同的經驗。除去極少數的特殊事情外，日常交往中，你最好能避免用類似這樣的語句來說明你的看法。如「絕對是這樣的」、「全部是這樣的」或者「總是這樣的」。你可以說「有些是這樣的」、「有時是這樣的」，甚至你可以說「大多數人都是這樣的」。

凡是對自己沒有親歷，或不瞭解全部事實，或存有疑點的問題發表看法時，要注意選擇恰當的限制性詞語，準確地表達。如說：「僅從已掌握的情況來看，我認為……」、「如果情況是這樣的話，我認為……」、「這僅僅是個人的意見，不一定正確……」這些說法都做了必要的限制，不但較為客觀，而且隨著掌握新情況的增多，有進一步發表意見，或糾正自己原來看法的餘地，較為主動。

有時是因事實尚未弄清，有時是因涉及面廣，或者自己不明就裡，都不宜說過頭話，而應借助委婉、含蓄、隱蔽、暗喻的策略方式，由此及彼，用弦外之音巧妙表達本意，揭示批評內容讓人自己思考和領悟，使這種批評達到「藏穎詞間，鋒露於外」的效果。例如，可以經由列舉和分析現實中他人的是非，暗喻其錯誤；透過列舉分析歷史人物是非，烘托其錯誤；也可經由分析正確的事物，比較其錯誤等。

此外，還可採用多種暗示法，如故事暗示法，用生動的形象增強感染力；笑話暗示法，既有幽默感又使他不尷尬；軼聞暗示法，透過軼聞趣事，使他聽批評時即使受到點影射，也易於接受。

總之，透過提供多角度、多內容的比較，使人反思領悟，進而自覺愉快地接受你的意見，改正錯誤。

**語言大師** 精華提要

說話可以表達你對事情的認識，對於拿不準的事情最好不要把話說得太直接，否則很可能導致沒有轉圜的餘地。

PART 5

# 妙用讚美，讓自己更受歡迎

# 01 言之有物，稱讚對方引以為榮的地方

有些老人顯得很可愛，因為他們的作風優雅而美。……而儘管有的年輕人具有美貌，卻由於缺乏優美的修養而不配得到讚美。

——培根【英國】

所謂赫洛定律，是一種人際關係的需求理論，它強調是滿足對方的渴求，以此獲得他人的認可與信任。就說話而言，我們與人交談，從某種意義而言就是一種探求對方需求的過程，經由這種過程，我們知曉對方的心理活動，由此制定下一步的談話內容。

在人的一生中，有無數讓他們引以為自豪的事情，這些都是一個人人生的閃光點。這些東西又會不經意地在他們的言談中流露出來，例如，「想當年，我在商場奮鬥時

……」，「我年輕的時候……」，等等。對於這些引以為榮的事情，他們不僅常常掛在嘴邊，而且深深地渴望能夠得到別人由衷的肯定與讚美。

對於一位老師而言，引以為榮的往往是他教過的學生在社會上很有出息，如果你為了表達對他的讚美，不妨說：「你的學生某某真不愧是你的得意門生啊！現在已經自己出書了。」

對母親來說，引以為榮的往往是她那幾個有出息的孩子，你可以跟她說：「妳有福氣啊，兩個孩子都那麼有出息。」她一定會高興不已。對於老年人來說，他們引以為榮的，往往是他們年輕時的那些血與火的經歷。

真誠地讚美一個人引以為榮的事情，可以更好的與之相處。

乾隆皇帝喜歡在處理政事之機品茶、論詩，對茶道頗有見地，並引以為榮。有一天，宰相張廷玉精疲力竭地回到家，才剛想休息，乾隆忽然造訪，張廷玉感到莫大的榮幸，稱讚乾隆道：「臣在先帝手裡辦了十三年差，從沒有這個例，哪有皇上來看下臣的！真是折煞老臣了！」

張廷玉深知乾隆好茶，命令下人把家裡的隆年雪水挖出來煎茶給乾隆品嘗。乾隆很高興地招呼隨從坐下：「今兒個我們都是客，不要拘君臣之禮。生而論道品茗，不亦樂乎？」

水開時，乾隆親自為各位泡茶，還講了一番茶經，張廷玉聽後由衷地讚美道：「我哪裡省得這些，只知道吃茶可以解渴提神。一樣的水和茶，卻從沒聞過這樣的香味。」

李衛也乘機稱讚道：「皇上聖學淵源，真叫人瞠目結舌，吃一口茶竟然有這麼多的學問！」乾隆聽後心花怒放，談興大發，從「茶乃水中君子、酒乃水中小人」開始論起「寬猛之道」。真是妙語連珠、滔滔不絕，眾臣洗耳恭聽。

乾隆的話剛結束，張廷玉贊道：「下臣在上書房辦差幾十年，兩次了憂都是奪情，只要不病，與聖祖、先帝算是朝夕相伴。午夜捫心，憑天良說話，私心裡常也有聖祖寬，世宗嚴，一朝天子一朝臣這個想頭。我為臣子的，盡忠盡職而已。對陛下的旨意，盡力往好處辦，以為這就是賢能宰相。今兒個皇上這番宏論，從孔孟仁恕之道發端，譬講三朝政納，雖然只是三個字『趨中庸』，卻發聾振聵令人心目一開。皇上聖學，真是到了登峰造極的地步。」其他人也都隨聲附和，乾隆大大滿足了一把。

張廷玉和李衛作為乾隆的臣下，都深知乾隆對自己的雜經和「宏論」引以為豪。而張李二人便投其所好，對其大加讚美，達到了取悅皇帝的目的。

一個人到了晚年，人生快要走到盡頭了，當他回首往事的時候，更喜歡回味和談論自己曾經經歷的那些大風大浪，希望得到晚輩的讚美和崇敬。

一位現在已經八十多歲的老人，一生中最大的驕傲便是獨自一個人將七個孩子養大成人，現在眼見一個個孩子都成家立業，他經常自豪地對孫子們說：「你奶奶死得早，我就靠這兩隻手把你爸跟其他孩子養大成人，真是不容易啊。」每當這時，如果他的孫子能乘機美言幾句，老人就會異常高興。

抓住他人最勝過於別人的，最引以為豪的東西，並將其放在突出的位置進行讚美，往往能起到出乎意料的效果。

**語言大師 精華提要**

讚美不應該是虛無空洞的，而應該點出對方的優點，這樣對方才會覺得你的讚美是真誠的、發自肺腑的。

# 02 讚美詞上要斟酌，千萬不要絕對化

為了追求光和熱，將身子撲向燈火，終於死在燈下，或者浸在油中，飛蛾是值得讚美的，在最後的一瞬間，牠得到光，得到熱了。
——巴金

每個人都喜歡聽到讚美的聲音，但讚美別人也是有技巧的，如果讚美之詞運用的不恰當，不僅無法讓被讚美者感到愉悅，反而會引起對方的反感，而這樣的讚美就得不償失了。

一個年輕人曾經寫了一封熱情洋溢的信給恩格斯，信中稱讚恩格斯是一位無與倫比的革命導師，一位偉大的思想家，甚至稱其為馬克思的再現等，恩格斯並沒有因為這封

信而有絲毫的感動，反而生氣地回信說：「我不是什麼導師、思想家，我的名字叫恩格斯。」恩格斯作為一位傑出的思想家，他不喜歡別人在讚美他時用似乎有些誇張的詞彙，又因為他和馬克思近幾十年的友誼，他是非常尊敬馬克思的，當然會忌諱別人稱他為「馬克思的再現」。

可見，要做到點到為止、褒揚有度是有技巧的。以下幾個技巧有助於幫我們掌握好讚揚的「度」。

## 一、比較性的讚美

兩個人或兩件事相比較，在誇獎對方的同時，讓他意識到自己的優點和存在的差距，讓對方對你的讚美深信不疑。

有一次，漢高祖劉邦與韓信談論諸將才能高下。劉邦問道：「你看我能指揮多少兵馬？」韓信回答：「陛下至多能指揮十萬兵馬。」劉邦又問：「那你能指揮多少兵馬呢？」韓信自豪地回答：「臣多多益善耳。」劉邦笑道：「既然你帶兵的本領比我大，卻為什麼被我控制呢？」韓信很誠實地說：「陛下不善於指揮兵，但善於駕馭將，這就是我被陛下控制的原因。」

劉邦自己也曾說過，統一指揮百萬軍隊，戰無不勝，攻無不克，他不如韓信。這是他當了皇帝以後對自己的評價。韓信的讚美，首先肯定了劉邦控制大臣為自己效命的能力，但又指明了他在帶兵作戰方面與自己相比有不足之處，正與劉邦的自我評價相吻合。話說得很實在、很坦誠，劉邦不但不怒，反而很滿意。此時，韓信與劉邦關係已很緊張，如果他違心地恭維劉邦調兵遣將無所不能，恐怕劉邦不願意聽，甚至會懷疑他在吹捧、麻痺自己。

## 二、根據對方的優缺點提出自己的希望

金無足赤，人無完人。有所保留的讚美應既要看對方的優點和長處，同時還要看到他的弱點和不足，講究辯證法。常言道：「瑕不掩瑜。」指出對方的缺點和不足，並提出一定的希望，不僅不會損害你讚美的力度，相反，會使你的讚美顯得真誠、實在，易於被人接受。尤其是上司稱讚下屬時，要有一是一，有二是二，把握分寸，要有所保留。可以多用「比較級」，慎用「最高級」，可以在表揚時，把批評和希望提出來。

有效的讚美不應該總是絕對化。像「最好」、「第一」、「天下無雙」這類的帽子別亂戴。有個企業的廣告詞說：「只有更好，沒有最好。」就顯示了企業的真誠承諾，

而不是嘩眾取寵，華而不實，在消費者中影響很好。實際上，一般人都對自己有個客觀的認識和評價，如果你的讚美毫無遮攔，會讓人感覺你曲意奉承，難以接受。

讚美時必須記住：一個人的成績和優點畢竟是有限的。許多偉人看自己時，也都是有所保留。因此，讚美別人，應當一分為二，有成績肯定成績，有不足也要說明不足，控制好讚美的限度。

**語言大師 精華提要**

運用恰當的讚美詞進行讚美的技巧，就在於找到被讚美人內心滿足的「點」，過多的或者不恰當的讚美則很可能引起別人的不快。因此，在讚美此人時，應當仔細考慮一下什麼樣的讚美該說，什麼樣的讚美不該說。

# 03 背後讚美才是真正的讚美

讚美令我羞慚，因為我暗自乞求得到它。
——泰戈爾【印度】

背後說人閒話不好，但背後讚美別人卻往往比當面讚美效果更好。

《紅樓夢》中有這麼一段描寫：史湘雲、薛寶釵勸賈寶玉做官為宦，賈寶玉大為反感，對著史湘雲和襲人讚美林黛玉說：「林姑娘從來沒有說過這些混帳話！要是她說這些混帳話，我早和她生分了。」

湊巧這時黛玉正來到窗外，無意中聽見賈寶玉說自己的好話，不覺又驚又喜，又悲又歎。結果寶黛兩人互訴肺腑，感情大增。

在林黛玉看來，寶玉在湘雲、寶釵、自己三人中只讚美自己，而且不知道自己會聽到，這種好話就不但是難得的，還是無意的。倘若寶玉當著黛玉的面說這番話，好猜疑、使小性子的林黛玉可能就認為寶玉是在打趣她或想討好她。

不用擔心，我們在背後說他人的好話，是很容易就會傳到對方耳朵裡去的。

當面說人家的好話，對方會以為我們可能是在奉承他、討好他。當我們的好話是在背後說時，人家會認為我們是出於真誠的，是真心說他的好，人家才會領情並感激我們。假如我們當著上司和同事的面說上司的好話，我們的同事們會說我們是在討好以及拍上司的馬屁，進而容易招致周圍同事的輕蔑。

另外，這種正面的歌功頌德所產生的效果是很小的，甚至還有引起反面效果的危險。同時，上司臉上可能也掛不住，會說我們不真誠。與其如此，還不如在上司不在場時，大力地「吹捧一番」。而我們說的這些好話，最終有一天會傳到上司耳中的。

有一位員工與同事們閒談時，隨意說了上司幾句好話：「梁經理這人真不錯，處事比較公正，對我的幫助很大，能夠為這樣的人做事，是一種幸運。」這幾句話很快就傳到了梁經理的耳朵裡，梁經理心裡不由得有些欣慰和感激。而那位員工的形象，也在梁經理心裡上升了。就連那些「傳播者」在傳達時，也忍不住對那位員工誇讚一番：這個人心胸開闊、人格高尚，難得！

在日常生活中，背著他人讚美他往往比當面讚美更讓人覺得可信。因為你對著一個不相干的人讚美他人，一傳十，十傳百，你的讚美遲早會傳到被讚美者的耳朵裡。這樣，讚美的目的也就達到了。

因此，我們要想讓對方感到愉悅，就更應該採取這種在背後說人好話、讚揚別人的策略。因為這種讚美比當面讚美更容易讓人相信它的真實性。

## 語言大師 精華提要

每個人都不會排斥他人中肯的欣賞和讚美，我們應該用欣賞的眼光去看待他人，表達自己對他人的理解與尊重，而不是刻薄的挑剔或是自命清高的高傲。如果一開始不好意思或是覺得當面說不出口，可以選擇在背後讚美。

# 04 讚美女孩，適當偏重能力與優點

只有美貌而缺乏修養的人是不值得讚美的。

——培根【英國】

誇讚女孩子漂亮、可愛當然可以獲得女孩子的歡心，但現代社會女性的地位大大提高，如果能找到她們能力上的優點予以稱讚，會讓她們非常高興。

一次，小蒙去銀行領錢，人很多，年輕漂亮的女職員忙個不停，有點不耐煩，看起來她心情不是很好。小蒙很想跟她交談，怎麼開口呢？

觀察了一會兒，小蒙發現了女孩的優點。輪到他填取款單時，他邊看她寫字邊稱讚說：「妳的字寫得真漂亮！現在像我們這樣的年輕人，能寫這麼一手好字的人，確實不多了。」

女職員吃驚地抬起頭，聽到顧客的稱讚，她心情好了點，但又不好意思地說：「哪裡哪裡，還差得遠呢！」

小蒙認真地說：「真的很好，看起來妳有練過書法吧，我猜對了嗎？」

「是的。」

「我的字寫得一塌糊塗，能把妳用過的字帖借給我練練字嗎？」

女職員爽快地答應了，並約好了下午到辦公室來取。一來二往，兩人有了感情，並最終結成了良緣。

當然，在誇女孩子有能力的時候，必須是由衷的，有人在誇讚女孩子能力時往往表現出漫不經心：「妳的文章寫得很好」、「妳這件事辦得不錯」、「妳唱的歌很好聽」……這種缺乏熱誠的空洞稱讚並不一定能使女孩子感到高興，有時甚至會因為你的敷衍而引起對方的反感和不滿。

真正聰明的人在稱讚女孩子能力時，則盡可能熱情些、具體些。比如，上述三種情形，他會分別說「這篇文章寫得很好，特別是後面的這個問題很有新意」，「這件事情辦得不錯，讓我們學了一招」，「妳的歌唱得不錯，不知道的人可能還以為妳是專業歌手哩」。這種充滿了真誠、自然的讚美，無疑會使女孩子愉快的接受。因此，在適當的場合下，千萬不要吝嗇你的讚美。

**語言大師 精華提要**

一般的女性不管多美，總對自己的面貌或身材，或多或少有點自卑感，甚至就男人看來根本微不足道的問題，女人也會耿耿於懷，自卑不已。所以，男人若以抽象的言語讚美對方，反而會讓對方誤以為是在譏諷她，對你再也不予信任。不如把讚美的重點放在其能力上，對方才會覺得你是真誠的。

# 05 選好恭維的話題，切忌空洞無物

彩雲飄在空中，自然得意洋洋，但最多只能換取幾聲讚美；唯有化作甜雨並紮根於沃壤之中，才能給世界創造芳菲。

——諺語

如果今天一大早就有人誇你「衣著得體，非常漂亮，有精神」，那麼你一天的學習、工作狀態一定很好吧。看來小小的一句恭維話有時能起很大的作用，可以迅速拉近人與人之間的距離，得到別人的喜愛，也可以給他人信心、快樂。

然而生活中一些人偏偏學不會或不屑恰當地去恭維、讚美他人。員工讚美老闆，被認為是「拍馬屁」；男人讚美女人被認為是「心懷不軌」，這些都是原本不必要的思想。想要得到別人的肯定與贊同，為什麼不先試著去讚美一下別人呢？

要恭維他人，先要選好恭維的話題，不可過分誇張，更不能無中生有。對於青年客戶，恭維他年輕有為、敢於開拓；對於中年客戶，恭維他經驗豐富、見多識廣；這些都是恰如其分的，如果讚美一個中年婦女活潑可愛、單純善良可能就有點不倫不類，弄不好還會招致臭罵。

清朝的中堂大人李鴻章，位高權重，文武百官都想討他歡心，以便讓他多多提攜自己，能升個一官半職好光宗耀祖。這一年，中堂大人的夫人要過五十大壽，這自然是個送禮的大好時機，壽辰未到滿朝文武早已開始行動了，生怕自己落在別人後面。

消息傳到了合肥知縣那裡，知縣也想送禮，因為李鴻章祖籍合肥，這可是結攀中堂大人的絕好時機。無奈小小的一個知縣囊中羞澀，禮送少了等於沒送；送多又送不起，這下可把知縣愁壞了。思來想去拿不定主意，於是請師爺前來商量。

師爺看透了知縣的心思，滿不在乎地說：「這還不好辦，交給我了。保准你一兩銀子也不花，而且送的禮品還會讓李大人刮目相看。」

「是嗎？快說送什麼禮物？」知縣大喜過望，笑成了一朵花。

「一副壽聯即可。」

「壽聯？這……行嗎？」

師爺看到知縣還有疑慮，便安慰他：「你儘管放心，此事包在我身上。包你從此飛黃騰達。這壽聯由我來寫，你親自送去，請中堂大人過目，不能疏忽。」

知縣滿口答應。

於是第二天，知縣帶著師爺寫好的對聯上路了。他晝夜兼程趕到北京，等到祝壽這一日，知縣報了姓名來到李鴻章面前，朝下一跪：「卑職合肥知縣，前來給夫人祝壽！」

李鴻章看都沒看他一眼，隨口命人給他沏茶看座，因為來他這裡的都是朝廷重臣，區區一七品知縣，李鴻章哪會看在眼裡。

知縣連忙取出壽聯，雙手奉上。李鴻章順手接過，打開上聯：

「三月庚辰之前五十大壽。」

李鴻章心想：這叫什麼句子？天下誰人不知我夫人是二月的生日，這「三月庚辰之前」豈不是廢話。於是，李鴻章又打開了下聯：

「兩宮太后以下一品夫人。」

「兩宮」指當時的慈安、慈禧，李鴻章見「兩宮」字樣，不敢怠慢，連忙跪了下來，命家人擺好香案，將此聯掛在《麻姑上壽圖》的兩邊。這副對聯深得李鴻章的賞識，自然對合肥知縣另眼相待，稱讚有加。而這位知縣也因此官運亨通了。

一副對聯既抬高了李鴻章夫人的地位，同時又做到了不偏不倚，沒有盲目哄抬。要恭維他人，就要善於體察人心，瞭解對方的迫切需要，每個人都是願意聽好聽的，只要你恭維得有分寸，不流於諂媚，不傷人格，定能博人歡心。恭維人的話不能過多，多了對方會不自在，覺得你是虛情假意、逢場作戲，因此而不信任你。恭維過多也不利於交談，在談話中頻頻誇對方「好聰明」、「好有能力」，對方頻頻表示客氣，往往使談話無法順利進行。

恭維對方本身不如恭維他的成績。比如恭維對方容貌就不如恭維他的品味與能力。因為容貌是天生的，爸媽給的，無法改變的，而品味與能力是自己後天養成的，表明了自己的價值，是自身的成功。

恭維話要有新意。不要總空洞無物地誇對方「好可愛」、「好聰明」，應當有自己的看法與見的。誇別人這件衣服好看，就不如誇她的上衣與裙子的搭配非常巧妙，非常合適，整體視覺效果很好。

陌生人剛見面時，可以先恭維他的名字好聽、有內涵，以此拉近距離，展開再來的對話。這種方法可以讓人覺得你很友好，很重視他，願意和他交談。

留心對方的反應，當對方對你的恭維顯得不自在或不耐煩時，就要適可而止了。

語言大師 精華提要

一句讚美的話使本來辦不成的事辦成了，使本來阻止不了的行為阻止了。讚頌別人，並不會貶低自己，而相反會抬高自己。

# 06 避免陳詞濫調，追求新穎獨特的讚美

別人嚼過的肉不香。

——俗語

「喜新厭舊」是人們普遍具有的心理。陳詞濫調的讚美，效果不會太好；新穎獨特的讚美，則使人回味無窮。

## 一、給人耳目一新的語言

讚美是所有聲音中最甜蜜的一種，讚美應該給人一種美的感受。新穎的語言，是有魅力的，有吸引力的。簡單的讚揚也可能是振奮人心的，但是一種本來是不錯的讚揚如

果多次單調重複，也會顯得平淡無味，甚至令人厭煩。一個女人曾說過，她對別人反覆告訴她，說她長得很漂亮，已經感到很厭煩，但是當有人告訴她，像她這樣氣質不凡的女人應該去演電影，為世界留下一部電影的時候，她笑了。

## 二、不一樣的角度

一些人在公共場合讚美別人時，自己想不出怎樣讚美，只會跟著別人說重話，附和別人的讚美。常言道：「別人嚼過的肉不香。」朱溫手下就有一批鸚鵡學舌拍馬的人，一次，朱溫與眾賓客在大柳樹下小憩，獨自說了句：「好大柳樹！」賓客為了討好他，紛紛起來互相讚歎：「好大柳樹」。朱溫看了覺得好笑，又道：「好大柳樹，可作車頭」，實際上柳木是不能做車頭的，但還是有五、六個人互相讚歎：「好作車頭。」朱溫很討厭這些鸚鵡學舌的人，厲聲說：「柳樹豈可作車頭！我見人說秦時指鹿為馬，有甚難事！」於是把說「可作車頭」的人抓起來殺了。

每個人都有許多優點和可愛之處。讚揚要有新意，當然要獨具慧眼，善於發現一般人很少發現的「閃光點」和「興趣點」，即使你一時還沒有發現更新的東西，也可以在表達的角度上有所變化和創新。

對一位公司經理，你最好不必稱讚他如何經營有方，因為這種話他聽得多了，已經成了毫無新意的客套了；倘若你稱讚他目光炯炯有神，風度瀟灑大方，他反而會更受感動。

古代有位將軍屢戰屢勝，有人稱讚他：「你真是個了不起的軍事家。」他無動於衷，因為他認為打勝仗是理所當然的事。而當那人指著他的鬢鬚說：「將軍，你的鬢鬚真可與美髯公相媲美。」這次，將軍欣然地笑了。

讚美的角度很重要，新穎的角度將有著事半功倍的效果。

**三、新鮮的表達方式**

讚美他人，在表達方式上是可以推陳出新、另闢蹊徑的。

佛蘭克林年輕時，在費城開一家小小的印刷所。那時，他參加了賓夕法尼亞州議會的選舉。在選舉前夕，困難出現了。有個新議員發表了一篇很長的反對他的演說，在演說中，還把佛蘭克林貶得一文不值。遇到這麼一個出其不意的敵人，是多麼令人火大呀！該怎麼辦呢？佛蘭克林自己講述道：

「對於這位新議員的反對，我當然很不高興，可是，他是一位有學問又很幸運的紳士。他的聲譽和才能在議會裡頗有影響。但我絕不對他表現一種卑躬屈膝的阿諛奉承，以換取他的同情與好感。我只是在隔數日之後，採用了一個別的適當的方法。「我聽說他的藏書室有幾部很名貴，又很少見的書。我就寫了一封短信給他，說明我想看看這些書，希望他慨然答應借我數天。他立刻答應了。」

佛蘭克林用一種不露痕跡的讚美方式，讚美新議員，恰如潤物細無聲。

有一個國外的電視連續劇，父親走入廚房看女兒做飯菜，他對女兒說：「如果沒有妳做的美妙飯菜，就像天上沒有星星那麼遺憾。」女兒露出了特別快樂的笑容。

表達讚美的方式有很多，要針對不同人、不同場合、不同時間選擇最為恰當的方式。選擇讚美方式時，既要考慮表達方式的新意，又要考慮對方的感受及最後的效果，綜合去思考，你就會找到最適宜的表達方式。

**語言大師 精華提要**

適當的讚美是人際交往中不可缺少的語言藝術，正像歌德說得那樣：「讚美別人就是把自己放在同他人一樣的水準上。」

# 07 褒揚有度，避免過分阿諛

過分的讚美會變成阿諛。

——哥爾多尼【義大利】

一個氣球再漂亮再鮮艷，吹得太小，不會好看；吹得太大很容易爆炸。讚美就如吹氣球，並非多多益善，應點到為止，適度為佳。義大利劇作家哥爾多尼曾說過：「過分的讚美會變成阿諛。」因此在讚美他人時一定要堅持適度的原則。

誇獎或讚美一個人時，有時候稍微誇張一點更能充分地表達自己的讚美之情，別人也會樂意接受。但如果過分誇張，你的讚美就脫離了實際情況，讓人感覺到缺乏真誠。

因為真誠的讚美往往是比較樸實、發自內心的，只有恭維、討好才是過分誇張和矯揉造作的。

唐代大歷年間，荊州人馮希樂最熱衷於誇張拍馬。他去拜訪長林縣令，縣令留他喝酒。席上，馮希樂極力吹捧縣令的政績，還說由於縣令仁義之風的感化，連虎狼也不在該縣作惡，而是紛紛離開長林。

正說話間，忽然有人來報告有老虎吃人，縣令便問馮希樂是何緣故，馮希樂答道：「這肯定是暫時路過的。」

馮希樂誇張得脫離了實際情況，無視野獸吃人的本性，信口雌黃，說野獸已被縣太爺的仁義教化所感動，所以離縣而去，結果是掄起巴掌，自己打自己的臉，這就是所說的輕言取辱。

上述故事告訴我們，過分的誇張對於被讚美者來說也是百害而無一利。高爾基曾經說過：「過分的誇獎一個人，結果就會把人給毀了。」因為過分的誇獎，往往會讓被讚美者不思進取，誤以為自己已經是完美無缺了，進而停止前進的腳步。只有在讚美的基礎上輔以鼓勵，才能充分發揮讚美的積極作用。

## 語言大師 精華提要

過分讚美就顯得虛偽。所以古人謂「譽人之言太濫不可」。為了自己擁有更和諧的生活，不妨也學一點適當的讚美！

# 08 以第三者的名義讚美

霧裡看花花更美。

——俗語

俗話說：「霧裡看花花更美。」讚美之詞未必要從你嘴裡說出來。可以用第三者的名義。比如，若當著面直接跟對方說「你看來還那麼年輕」之類的話，不免有點恭維、奉承之嫌。如果換個方法說：「你真是漂亮，難怪某某一直說你看起來總是那麼年輕！」可想而知，對方必然會很高興，而且沒有阿諛之嫌。

在一般人的觀念中，總認為「第三者」所說的話是比較公正的、實在的。因此，以

「第三者」的口吻來讚美，更能得到對方的好感和信任。

一九九七年，金庸與日本文化名人池田大作展開一次對談，對談的內容後來輯錄成書出版。在對談剛開始時，金庸表示了謙虛的態度，說：「我雖然過去與會長（指池田）對談過世界知名人士不是同一個水準，但我很高興盡我所能與會長對話。」池田大作聽罷趕緊說：「您太謙虛了。您的謙虛讓我深感先生的『大人之風』。在您的七十二年的人生中，這種『大人之風』是一以貫之的，您的每一個腳印都值得我們銘記和追念。」池田說著請金庸用茶，然後又接著說：「正如大家所說『有中國人之處，必有金庸之作』，先生享有如此盛名，足見您當之無愧是中國文學的巨匠，是處於亞洲巔峰的文豪。而且您又是世界『繁榮與和平』的香港輿論界的旗手，正是名副其實的『筆的戰士』。《春秋．左傳》有云：『太上有立德，其次有立功，其次有立言，是之謂三不朽。』在我看來，只有先生您所構建過的眾多精神之價值才是真正屬於『不朽』的。」

在這裡，池田大作主要採用了「借用他人之口予以評價」的讚美方式，無論是「有中國人之處，必有金庸之作」，還是「筆的戰士」、「太上……三不朽」等，都是輿論界或經典著作中的言論，借助這些言論來讚美金庸，既不失公允，又能恰到好處地給予對方滿足。

假借別人之口來讚美一個人，可以避免因直接恭維對方而導致的吹捧之嫌，還可以讓對方感到他所擁有的讚美者為數眾多，進而心裡獲得極大的滿足。

在生活中，要善於借用他人，特別是權威人士的言論來讚美對方，藉此達到間接讚美他人的目的。權威人士的評價往往最具說服力，因此引用權威言論來讚美對方是最能讓對方感到驕傲與自豪的，如果沒有權威人士的言論可以借用，借用他人的言論也會收到不錯的效果。

### 語言大師 精華提要

借助對方不認識的第三者也很有利於說服，這是因為利用了對方的心理。一般來說，人受到不認識的第三者讚美時，比受到自己身邊的人誇獎更為高興。因為當他知道自己不認識的人也讚美自己，會覺得在自己所屬的天地外也「得到了承認」，進而感到異常歡欣，強烈的慾望和虛榮心進一步得到了滿足。

# 09 推測性讚美，給人美好的感受

沒有一顆珍珠的閃光，是靠別人塗抹上去的。

——諺語

借用推測法來讚美他人，雖然這種方式有一定的主觀意願性，未必是事實，但是能從善意的想像中推測出他人的美好東西，就能給人以美好的感受。

有個善良的小女孩，一直覺得自己長得醜，所以老是像含羞草似的低著頭，就連耶誕節也不例外。就在耶誕節這天，因為低著頭走路而撞倒了一個老人，一個白髮蒼蒼的盲人。

小女孩嚇了一跳，趕緊說了聲「對不起」，她的聲音雖然很小，但一聽就充滿了深深的自責。於是，盲人說了一句：「沒關係。」

小女孩覺得感動，趕緊扶起老人：「老爺爺，是我把您碰倒的，我……我攙扶您，送您回家好嗎？」女孩的聲音很甜，細細的，像一陣柔柔的風。

但盲人卻搖了搖頭：「不用了，孩子。聽聲音就覺得妳很善良。妳一定長得很美……」那個「美」字說得明亮，使女孩聽了怦然心動。

「可是我……」小女孩一時不知說什麼好。

「走吧，孩子。」老人覺察到小女孩還站在自己面前，真誠地對她又叮囑了一句。

小女孩很感動，深深地點了點頭。她堅信對方能看到寫在自己臉上的深深歉意。

老人轉過身，拐杖敲著地面，走了。

小女孩的眼裡流出了一行熱淚。她感激那位老人，居然那麼真切地誇她「美！」

她看著老人——就這麼站著，淚汪汪地看著老人離去的方向。

也就是從這天起，她走路時抬起了頭，因為她已堅信，美像陽光，也同樣簇擁著她！這就是推測性讚美創造的奇蹟，它讓一個失望的小女孩找到了太陽，找到了自信！

推測性讚美有兩種，一種是祝願式的推測，一種是預言式的推測。

祝願式推測，主要強調一種美好的意願，用一種友好的心情去推測對方，帶有祝願的特點。這種推測也未必很可行，但推測者是誠摯而善意的。

預言式推測，帶有一些必然性、預見性，可以針對工作、生活中可能會取得的成績進行預測。

一位客人來到飯店公關部售票臺前。

「您好！」公關經理很有禮貌地站起來打招呼。

「我要三張後天的九一次座票。」這人不耐煩地說。

見客人情緒不好，公關經理立即將訂票單取出，幫客人登記。當寫到車次時，公關經理習慣性地發問：「先生，萬一這趟車訂不到，三一一、三○五可以嗎？它們的出發時間是……」

還沒等公關經理說完，客人連說：「不行！不行！我就要九一次的。」

公關經理又強調了「萬一……」，這番好心反而把客人惹火了：「什麼萬一，萬一，你們是為客人服務的，就不能這麼說。」

這時，公關經理立即意識到自己的說話方法不妥，差一點把客人趕跑了。她根據對方回饋的資訊，立即調整話語，轉換語氣說：「我們一定盡最大努力設法幫您買到。」這時客人臉上才露出了笑容。

第二天客人來取票。根據頭一天打交道的情況，公關經理一改過去公事公辦的辦事態度，笑瞇瞇地說：「先生，您的運氣真好。車站售票處明天九一次車票只剩三張票，我全部拿到了，看來先生您要發財了。」

客人聞聽此言，立即轉身跑到飯店的販賣部，買了一大包糖回來請公關經理吃。自那以後，客人每次見到公關經理都打招呼，點頭微笑。臨走時，他高興地說：「下次來，一定還要住你們飯店。」

這個故事中公關經理就用了祝願式推測。公關經理從買票的幸運「推測」出「發財」一說，這裡面沒有必然性可言，並不具備多少合理性，但它是一句吉言，能使人聽著順心順意。祝願式推測有濃厚的情感色彩。需要真實的情感，並給予最為貼切的讚美。

預言式推測較適用於同事與同事之間，或父母對孩子的推測等，總之，是對身邊較熟的人所採用的方式，它能達到一定的激勵作用。

## 語言大師 精華提要

由於知道自己需要他人親切的讚美，所以便可以預測到對方也會有相同的心理，因此你才說出讓他對你產生好感的話。

# 10 誇人減齡，遇貨添錢

誇人減齡，遇貨添錢。

——俗語

有句俗話說：「誇人減齡，遇貨添錢。」這也是一種讚美。芸芸眾生每一個人都希望自己永遠年輕。因此成年人對自己的年齡是非常敏感的。

成年人普遍存在怕老心理，所以「誇人減齡」就成了討人喜歡的說話技巧。這種技巧在於把對方的年齡儘量往小了說，進而讓對方覺得自己年輕，養生有術等，產生一種心理上的滿足。比如一個三十多歲的人，你說他看起來只有二十多歲，一個六十多歲的人，你說他看起來只有五十歲，這種說法對方是不會認為你缺乏眼力，對你反感，相反的，他會對你產生好感，形成心理相容。

「誇人減齡」這種方法只適用於成年人（特別是中老年人），相反的，對於幼兒、少年，用「逢人長命」（年齡往大一點說）的方法效果較好，因為他們有渴望成長的心理。

遇貨添錢，貨，就是購買物品。買東西是再平常不過的日常行為。在我們的心中，能用「廉價」購得「美物」，那是善於購物者所具有的特質，那是精明人的一種象徵，雖然我們不會，也不可能都是精明購物者，但我們還是希望我們的購物能力得到別人的認可。因此，當我們買了一件物品之後，如果花了五十元，別人認為只需三十元時，我們就會有一種失落感，覺得自己不會買東西。但當花了三十元，別人認為需要五十元時，我們則有一種興奮感，覺得自己很會買東西。由於這種購物心態的存在，「遇貨添錢」這種說話方式也就能打動人心。

甲買了一套款式不錯的西服，乙知道市場行情，這種衣服三、四千元就可以買下。於是乙在品評時說：「這套西服不錯，恐怕得六、七千元吧？」甲一聽笑了，高興地說：「老兄說錯了，我三千元就買下啦！」

案例中乙的說法就很有技巧性，在他不知道甲花了多少錢買下這套衣服的情況下故意說高衣服的價格，使對方產生成就感，當然也就使得對方高興。

遇貨添錢法能討得對方歡心，操作起來也簡單，對其價格高估就行了。當然「價格高估」也需要注意，一要對物價心裡有底，二不能過分高估，否則收不到好的效果。

### 語言大師精華提要

生活中，人人需要讚美，需要一種來自別人的肯定。而保持青春正是每個人內心深處的願望之所在，因此誇人年輕這種讚美方式普遍適用於成年人群體。

PART 6

# 怎樣說「不」，才能讓別人舒服

# 01 美言在前，讓對方面對你的拒絕前有個緩衝

美言美語受人敬，惡言惡語傷人心。

——佚名

對於他人的話，人們總是會表現出情感反應。

如果先說讓人高興的話，即使馬上接著說些使人生氣的話，對方也能以欣然的表情繼續聽。利用這種方法，可以拒絕不受喜歡的對象。

有一個樂師，被熟人邀請到某夜總會樂隊工作。樂師嫌薪水低，打算立即拒絕。但想起以往受過對方照顧，不便斷然拒絕，他心生一計，先說些笑話，然後一本正經地

說：「如果能使夜總會生意興隆，即使奉獻生命，在下也在所不辭。」

此時夜總會老闆自然還是一副笑臉，樂師抓住機會立刻板起面孔說：「你覺得什麼地方好笑？我知道你笑我。你看扁我，不尊重我，這次協議不用再提，再見！」

這樣，樂師假裝生氣，轉身便走。老闆卻不知該如何待他，雖生悔意，但為時已晚。

因此，面對不喜歡的對象，要出其不意地敲他一下，以便拒絕對方。若缺乏機會，不妨參照上例，製造機會，先使對方興高采烈，然後趁對方缺乏心理準備，臉上仍有笑意，找到藉口及時退出，達到拒絕的目的。

拒絕對方的提議時，說些好聽的話也需要看場合和時機。

如果對方和你關係不錯，提出的要求也不是非常苛刻，你試圖拒絕時就可以講好聽的話，但是如果對方是不法之徒，又提出一些違背原則的要求，如果你再去講告饒的話，他就會覺得你害怕他，即使你要表示拒絕，他也不會給你機會了。

日本成功學大師多湖輝說的這個故事，發生在二〇世紀的六〇年代末的學生運動中。某大學的教室裡正在上課，一群學生運動積極分子闖了進來，使上課的教授手足無措。當著班上學生的面，教授想顯示一點寬容和善解人意的風度，就決定先聽一下學生講些什麼之後再去說服他們。

結果與他善良的想法完全相反，學生們乘勢向他提出許許多多的問題，把課堂攪得一團糟，再也上不成課了。並且這之後只要他上課，就有激進派的學生出現在課堂上，就這樣毫無寧日地持續了一年。

從這一個教訓中，教授悟到一條法則，即若無意接受對方，最好別想去說服他，而是對方一開口就應該阻止他：「你們這是妨礙教學，快從教室裡出去，與課堂無關的事，我們課後再說！」

假如再發生一次同樣的事，教授能否應付？就算他顯示出了拒絕的態度，學生也會毫不理會地攻擊他。如果一點也不去聽學生的質問，一開始就踩住話頭，至少不會給對方以可乘之機，也不致弄得一年時間都上不好課！

不過現在社會，屬於原則性錯誤的要求已經越來越少，更多的還是朋友間的幫忙或者親戚的幫忙，這樣的拒絕就別忘記說些好聽的話。

語言大師 精華提要

拒絕之前先說點與拒絕無關的話，這種欲抑先揚的方式，可以給人一個心理緩衝和鋪墊，不至於拒絕得太直接和僵硬。

# 02 詼諧言語，讓拒絕的場景變得愉悅

你可以假裝嚴肅，卻無法假裝詼諧。

——吉特里【法國】

有一位「妻管嚴」，被老婆命令週末要大掃除。正好有幾個同事要約他去釣魚，他只好回答：「其實我也是個釣魚狂，很想去的。可是結婚以後，週末就經常被沒收啊！」同事們哈哈大笑，也就不再勉強他了。

用幽默的方式拒絕別人，有時可以故作神祕、深沉，然後突然點破，讓對方在毫無準備的大笑中失望。

有時候拒絕的話像是胡攪蠻纏，但因為它用幽默的方式表達出來，也就在達到拒絕目的同時，讓別人很愉快地接受了。

義大利音樂家羅西尼生於一七九二年二月二十九日，因為每四年才有一個閏年，所以等他過第十八個生日時，他已七十二歲。他說這樣可以省去許多麻煩。在過生日的前一天，一些朋友來告訴他，他們集資了兩萬法郎，要為他立一座紀念碑。他聽了以後說：「浪費錢！給我這筆錢，我自己站在那裡好了！」

羅西尼本不同意朋友們的做法，但他沒有正面回絕，而是提出一個不切實際的想法：「給我這筆錢，我自己站在那裡好了！」含蓄地指出朋友的做法太奢侈，點明其不合理性。

此外，還可以用假設的方法，虛擬出一個可能的結果，進而產生一個幽默的後果，而這個後果正好是你拒絕的理由。這樣，不僅不至於引起不快，還可能給對方一定的啟發。

一位演技很好、姿色出眾但學歷不高的女演員，對蕭伯納的才華早就敬而仰之。她平時生活在眾星拱月的環境中，多少有一些高傲神氣，總以為自己應該嫁給天下最優秀的男人。某次宴會中，她和蕭伯納相遇了，她自信十足，以最迷人的音調向肖翁說：「如果以我的美貌，加上你的天才，生下的孩子一定是人類最最優秀的了！」

蕭伯納立刻微微一笑，不疾不徐地回答：「對極了。但是如果這孩子長成了我的貌和妳的才，那將是怎樣呢？」這位美女演員愣了一下子，終於明白了蕭伯納的拒絕之意。她失望地離開了，但一點也不恨蕭伯納，反而成了他更忠實的好朋友。

不管對中國人還是外國人來說，拒絕別人的話總是不好出口的，但拒絕的話又經常不得不說出口。這時不妨用幽默方式說出拒絕的話，把對方遭到拒絕時的不愉快感擦掉。

小王畢業後分到一個小地方打雜，一開始很失意，整天和一幫哥兒們喝酒、打牌。後來逐漸醒悟過來，開始報名參加等級考試。有一天晚上，他正在埋頭苦讀，突然一個電話打過來叫他去某哥兒們家集合，一問才知道他們「三缺一」。

小王不好意思講大道理來拒絕他們的要求，也不想再像以前沒日沒夜地玩，便回答說：「哎呀，我的牌運你們還不清楚啊，是要讓我進貢嗎，我這個月都快吃土了，這樣吧，一個小時，我就打一個小時，你們答應我就去，不答應就算了。」一陣哄笑過後，對方也不好硬叫他過去了。

無論一個人的職業是什麼，正當的幽默，必能幫助他應付世人。幽默的性格易於傳染，快活有趣的人不必開玩笑也能提高大家的情緒。幽默使人發笑，博得他人的好感，緩和緊張的局面，用幽默的話來拒絕別人，別人也會平和地接受。

**語言大師 精華提要**

拒絕別人也是一門藝術，如果你巧妙利用詼諧的語言得體地拒絕，對方不但會接受你的拒絕還會把你當成朋友。

# 03 朋友的請求，要有選擇地拒絕

為別人盡最大的力量，最後就是為自己盡最大的力量。
——約翰・羅斯金【英國】

答應幫別人辦事，首先得看自己能不能辦到，這是人人都明白的道理。可是就有一些人不自量力，對別人請求幫助的事情一概承擔下來，事情辦好了什麼事也沒有，如果辦不好或只說不做，那就是不守信用，朋友就會埋怨你。

一個權力很有限的人更應該注意，因為你有權，親戚朋友託你辦事的一定多。這時你應該講點策略，不能輕易答應別人。有的朋友託你辦的事可能不符合常理，這樣的事最好不要允諾，而是當面跟朋友解釋清楚，不要給朋友留下什麼念頭，不然，朋友會認為你不肯幫忙；有的朋友找你辦的事可能不違反政策，但確有難度，就跟朋友說明，這事難度很大，只能試試，辦的成辦不成很難說，讓對方不要抱太大希望，這樣做是給自己留後路，萬一辦不成，也好有個交代。

當然，對於那些舉手之勞的事情，還是答應朋友去辦，但答應之後，無論如何也要辦好，不可以今天答應，明天就忘了，待朋友找你時，你會很尷尬。

不要輕率地對朋友做出許諾，並不是一概不許諾，而是要三思而後行。儘量不說「這事沒問題，包在我身上」之類的話，要給自己留一點餘地。順口的承諾，是一條會勒緊自己脖子的繩索。

對待朋友的要求，要注意分析，不能一概滿足。因為不分青紅皀白一概滿足，有可能會引火焚身。因此，必須搞清楚朋友的要求是正當的，還是不正當的，是不是符合原則或規範。千萬不能礙於情面，有求必應，有求必辦。

對待朋友的要求，是否要拒絕，如何拒絕呢?下面幾點可供你借鑑。

## 一、問清目的

朋友要求你幫助或希望與你合作完成某事時，你必須問清楚是什麼事、動機是什麼、目的何在。如果是正當的，在你力所能及的範圍內可儘量提供幫助，以盡朋友之誼。假如朋友的要求，你認為超越了正常範圍，就應毫不猶豫地拒絕他。

**二、態度堅決**

無論對方的要求多麼強烈，只要你認為不能接受，便要態度明確、堅決地予以拒絕，不能留有餘地。「實在抱歉，我無能為力」，「對不起，我沒有辦法答應」，同時也不要給他出主意，否則，你仍難脫關係，說不定他還會來找你，要你想辦法。

**三、接受指責**

遭到你的拒絕，要求不能達到，對方必然會對你加以指責。對此，你可以表示接受。這裡需要注意的是，千萬不能中了對方的激將法。比如他說：「我就知道你可能做不到，看來果然如此。」對此，你不妨報之一笑，承認自己能力有限，「做不到」他要求的事。

**四、消除愧疚**

拒絕朋友的要求，朋友可能會愁眉苦臉，唉聲歎氣。這時候，你沒必要自責，也沒必要感覺愧疚。既然拒絕，你自然有拒絕的理由。最好的做法是用你的理由來消除內心的愧疚，達到心理的平衡。

## 五、電話拒絕

有時候礙於面子，當面不好意思拒絕朋友。遇到這樣的情況，你可以讓朋友先回去，告訴朋友等你考慮後再給他答覆。然後，打個電話把你的意見告訴他。這樣，雙方不見面可以避免不好啟齒或造成尷尬。

### 語言大師 精華提要

朋友請你幫忙時，不能全部拒絕，如果在實力範圍內，不妨應承下來。如果實在是辦不了，也要跟朋友解釋清楚幫不了他的原因，避免因為拒絕而影響與朋友間的感情。

## 04「恕我能力有限」——自貶的拒絕最有效

樹苗如果因為怕痛而拒絕修剪，那就永遠不會成材。

——諺語

用自我貶低的方法或者在玩笑的氛圍中拒絕他人，不僅維護了別人的面子，也使自己全身而退。

比如說，在同學聚會的時候，你確實不會喝酒，你就可以說：「我是爸媽的乖兒子，在家裡面又沒有什麼地位，要是喝了酒，那回去後一定會被我爸揍死的，不然也會被我媽罵死，你們就饒了我吧。」同時，你還可以說一些其他的事例進行說明，或者找一些比較好的藉口來增強這種自我貶低的效果。

「裝瘋賣傻法」是一種特殊形式，是「表示自己無能為力，不願做不想做的事」。也就是說：「我辦不到，所以無法做！」

根據心理學的調查發現，人們的確有在日常生活中故意裝傻的現象。例如在上班族中，有二十%的人曾對上司裝過傻，而十四%的人對同事裝過傻。雖然它跟「楚楚可憐法」一樣，會導致評價降低，但令人驚訝的是，仍有一成以上的人是在自己有意識的情況下用了這個辦法。

上班族會用到「裝瘋賣傻法」的場合有以下三種：

第一，不願做不想做的事。例如像是打雜般的工作、很花時間的工作，或單調的工作等。還有像公司運動會之類，公司內部活動的籌備委員也是其中之一。像這種情形便有不少人會用「我不會呀」或「我對這方面不擅長」等理由來把不想做的事巧妙地推掉。

第二，拒絕他人的請求。當別人找上你，希望你能幫他的忙時，你很難直接說「不」吧！因此便以「我很想幫你，可是我自己也沒有那個能力」的態度來婉轉拒絕。拒絕別人這種事，很難直接以「我不願意」這種態度來拒絕，而且還可能會讓對方懷恨在心。

因此，若是用能力，也就是自己無法控制的原因來拒絕（想幫你，可是幫不了）的話，拒絕起來便容易多了。

第三，想降低自己的期望值。一個人若能得到他人的高度期待，固然值得高興，但壓力也會隨之而來。因為萬一失敗，受到高度期待的人，所帶給其他人的衝擊性會更大。因此，借由表現出自己的無能，來降低期望值，萬一將來失敗，自己的評價也不會下降得太多；相反的，如果成功，反而會得到預期之外的肯定。

「裝瘋賣傻法」有以下兩種實行技巧。

**一、表明自己無能為力**

就像前面所說，這招便是表明「我沒有能力做那件事，因此我不願意做」的一種方法。根據工作的內容，「無能」的內容也有所不同。例如：

別人要求你處理電腦文書資料時，「電腦我用不好，光一頁的字我就要打一個小時，而且說不定還會把重要的資料弄不見！」

別人要求你做帳簿時，「我最怕計算了，看到數字我就頭痛！」用於與自己平日業務無關的業務上。

不過，所表示的「無能」的理由不具真實性，那可就行不通。例如剛才電腦處理的例子，如果你是在電腦公司當工程師，說這種話誰信?後面那個例子，如果發生在銀行，也絕對會顯得很突兀。

平常愈少接觸到的工作，說這種話時，所獲得的可信度也就愈大。所以要說「我沒做過」、「我做得不好」這些話的時候，這些話一定要具有可信度才行。

## 二、將矛頭指向他人

這招是接著「表示無能」的用法之後，以「我辦不到，你去拜託某某會比較好」的說法，來將矛頭指向他人的做法。搬出一位在這方面能力比自己強的人，然後要對方去拜託他就行了，但這種方法只有在大家都知道那個人的確比較勝任時才能用。

這個辦法有一個問題就是，可能會招致那個被你「轉嫁」的人怨恨。想拜託人的人一定會說：「是某某說請你幫忙比較好！」對方也就會知道是你幹的好事。這麼一來，那個人心裡一定會想：「可惡的傢伙，竟然把討厭的事推給我！」

尤其當需要幫忙的工作內容，是人人都不想做的事情的時候，這種惹來怨恨的可能性就愈高。所以，最好在多數人都知道「某某事情，是某某最擅長的」這樣的場合，才用此招。

**語言大師 精華提要**

如果非常不想做，那拒絕的理由一定要充足。首先設身處地，表明自己對這件事情的重視，也表明自己願意接受的心情，然後再說出自己的遺憾，具體說明自己的能力缺陷。

# 05 透過暗示，巧妙說「不」

心眼不多，可是品格端正的人，倒經常能看穿最狡猾的騙子的詭計。
——歌德【德國】

對待那些誘使我們做出肯定答覆，進而有益對方、不利自己的狡猾之輩，我們應該理直氣壯地大聲說「不」；但是那些常來常往的身邊人，或是跟我們工作利益有著千絲萬縷聯繫的人，提出的要求，自己雖然無法照辦，但也不能生硬拒絕，而需要委婉說「不」。

當美國跟前蘇聯剛簽署了《關於限制戰略核武器的四個協定》，隨行的美國記者團就在莫斯科一家大飯店裡向季辛吉打探情況。

「前蘇聯一年能生產多少戰略性導彈？」有記者問。「大概兩百五十枚。」季辛吉回答。「那美國呢？美國有多少潛艇導彈配置分導式多彈頭？有多少遠端導彈配置分導式多彈頭？」這個問題很尖銳，很棘手。

「我不很確切知道配置分導式多彈頭的遠端導彈有多少。至於潛艇導彈，數目我是知道的，但是我有一個疑惑，不知這屬不屬於國家機密，因此我不能貿然回答。」季辛吉微笑著向記者解釋。

「不屬於國家機密，是對外公開的。」有記者自告奮勇為季辛吉解除疑惑。「對外公開的？那你說是多少呢？」季辛吉回應。

在場記者哄堂大笑，關於這個問題的提問也就不了了之。

季辛吉拒絕透露導彈數目的回答非常巧妙，他沒有採用那種大家慣見的外交辭令「無可奉告」，而是佯裝不知自己的回答是否涉嫌走漏國家機密，因此不能貿然回答，這樣的拒絕就有理有節。而在記者緊追不捨的情形下，他又利用對方自相矛盾的說法，把問題推給了對方，進而迴避了這一敏感問題。

第二次世界大戰，邱吉爾對領導英國人民配合盟軍戰勝法西斯起著關鍵作用。因此在他戰後退位時，英國國會擬通過提案，為他塑造一尊銅像陳列在公園，供英國人民不忘他的卓越功勳。邱吉爾聽說了之後，認為這樣做不妥，表達了拒絕。

他的拒絕也很巧妙，他說：「多謝大家的好意，可是我不喜歡鳥兒在我的銅像頭上拉屎，還是請大家高抬貴手吧！」

邱吉爾的理由很有趣，當然他是在以開玩笑的方式委婉回絕。這種回絕方式很有人情味，給人的感覺很舒服，比說一堆大道理效果要好得多。因為任何人聽了邱吉爾的有趣聲明，都很難狠下心來堅持己見。

除了政府官員，文學家也不乏外交官一樣的拒絕技巧。文學大師馬克・吐溫就很擅長這種拒絕技巧。

有一回馬克・吐溫在鄰居的圖書室裡發現一本寫得非常好的書。於是向鄰居提出借回家看看。鄰居也嗜書如命，不願借，說自己的書不能離開圖書室，只允許馬克・吐溫有空來坐坐，隨便翻翻，這是他定的規矩。馬克・吐溫只好返回家中。

過了幾天，這位鄰居來馬克・吐溫家借鋤草機。

馬克・吐溫一看機會來了，就爽朗地表示：「當然可以！但是根據我的規矩，你只能在我的地裡用它。」

當然這或許是馬克・吐溫的一句玩笑話，但如果他果真如此拒絕的話，也不能不說是很委婉、很巧妙的。有時候拒絕不用說得特別直接，只要稍微暗示，別人就能明白你是答應還是拒絕。

**語言大師 精華提要**

有時候拒絕的話沒必要直接說出口，可以適當暗示，比如強調難處，以及其他一些原因，這樣對方就明白你的意思了。

# 06 怎樣拒絕，上司不氣

一個人能順從別人當然很好，但必須表明這是出於對他的尊敬，而非唯命是從。

——培根【英國】

上司委託你做某事時，你要善加考慮，這件事自己是否能勝任？是否不違背自己的良心？然後再做決定。

如果只是為了一時的情面，即使是無法做到的事也接受下來，這種人的心似乎太軟。即使是很照顧自己的上司委託你辦事，但自覺實在是做不到，你就應該很明確地表明態度，說：「對不起！我不能接受。」這才是真正有勇氣的人。否則，你就會誤大事。

當然，拒絕是要講究方法的，因為上司不是一般人，他有可能決定你一生的前程，不容輕易得罪。但如果你能採取一些巧妙而又行之有效的拒絕方法，那你盡可以大膽說一句：「上司的話就敢不聽。」不過這裡要聲明的，就是這只是針對上司提出的一些不合理要求而言的。

當他提出一件讓你難以做到的事時，如果你直言答覆做不到時，可能會讓他有損顏面，這時，你不妨說出一件與此類似的事情，讓他自覺問題的難度而自動放棄這個要求。

甘羅的爺爺是秦朝的宰相。有一天，甘羅見爺爺在花園走來走去，不停地唉聲歎氣。

「爺爺，您碰到什麼難事了？」甘羅問。

「唉，孩子呀，大王不知聽了誰的教唆，硬要吃公雞下的蛋，命令滿朝文武想法子去找，要是三天內找不到，大家都得受罰。」

「秦王太不講理了。」甘羅氣呼呼地說。但他眼睛一眨，就想了個主意，說：「不過，爺爺您別急，我有辦法，明天我替你上朝好了。」

第二天早上，甘羅真的替爺爺上朝了。他不慌不忙地走進宮殿，向秦王施禮。

秦王不高興，說：「小娃娃到這裡搗什麼亂！你爺爺呢？」

甘羅說：「大王，我爺爺今天來不了啦。他正在家生孩子呢，所以託我替他上朝來了。」

秦王聽了哈哈大笑：「你這孩子，怎麼胡言亂語！男人家哪能生孩子？」

甘羅說：「既然大王知道男人不能生孩子，那公雞怎麼能下蛋呢？」

甘羅的爺爺作為秦朝的宰相，面對皇帝的無理請求，卻又找不到合適的辦法拒絕。甘羅作為一個孩童，能如此得體地拒絕秦王，並讓秦王不得不放棄自己的無理請求，實在是大出人們的意料。也正因為如此，秦王才有「孺子之智，大於其身」的嘆服。以後，秦王又封甘羅為上卿。現在我們俗傳甘羅十二歲為丞相，童年便取高位，不能不說正是甘羅的那次智慧的拒絕，才使秦王越來越看重他的。

當上司提出某種要求而下屬又無法滿足時，設法造成下屬已盡全力的錯覺，讓他自動放棄其要求，這也是一種好方法。

比如，當上司提出不能滿足的要求後，就可採取下列步驟先答覆：「您的意見我懂了，請放心，我保證全力以赴去做。」過幾天，再彙報：「這幾天×××因急事出差，等下星期回來，我再立即報告他。」又過幾天，再告訴上司：「您的要求我已轉告×××

了，他答應在公司會議上認真地討論。」儘管事情最後不了了之，但因為你已形成「盡力而做」的假象，上司也就不會再怪罪你了。

通常情況下，人們對自己提出的要求，總是念念不忘。但如果長時間得不到回應，就會認為對方不重視自己的問題，反感、不滿由此而生。相反的，即使不能滿足上司的要求，只要能做出些樣子，對方就不會抱怨，甚至會對你心存感激，主動撤回已讓你為難的要求。

你也可以利用群體掩飾自己，含蓄地點出「不」字。例如，上司要求你做某一件事時，其實你很想拒絕，可是又說不出口，這時候，你不妨拜託其他兩位同事和你一起到他那裡去，這並非所謂的三人戰術，而是依靠群體替你做掩護來說「不」。

首先，商量好誰是贊成的那一方，誰是反對的那一方，然後在上司面前爭論。等到爭論一會兒後，你再出面含蓄地說「原來如此，那可能太牽強了」，而靠向反對的那一方。這樣一來，你可以不必直接向上司說「不」，就能表明自己的態度。

這種方法會給人「你們是經過激烈討論後，絞盡腦汁才下的結論」的印象，而包括上司在內的全體人士，都不會有哪一方受到傷害的感覺，進而上司會很自然地自動放棄對你的命令。

### 語言大師 精華提要

拒絕的方法有許多，一定要看好時機，用最自然的形式將你的本意暗示出來。不要懼怕，只要方法得當，和上司也能有商量。

# 07 該說「不」時，不要猶豫

君子贈人以言，庶人贈人以財。

——荀子【戰國】

業務員的銷售技巧裡有這麼一招：從一開始就讓顧客回答「是」，在回答幾個肯定的問題之後，你再提出購買要求就比較容易成功。

同理，當你一開始對自己說「我做不到」，或「我不行」的時候，自己就陷入了否定自我的危機，然後就會因拒絕任何的挑戰而失去信心。

當然，我們必須努力去做一個絕不說「不」的人，可是，當遇到別人不合理的請求時，我們是否也要委曲求全答應對方呢？這個時候，你千萬不要因為不能說「不」而輕易地答應任何事情，而應該視自己能力所及的範圍，盡可能不要明明做不到，卻不說，結果既造成了對方的困擾，又失去了別人對你的信任。

當你拒絕對方的請求時，切記不要咬牙切齒、繃著一張臉，而應該帶著友善的表情來說「不」，才不會傷了彼此的和氣。除了對別人該說「不」時就說「不」，同時對自己也要勇敢地說「不」。

美國電話及電報公司的創辦者塞奧德·維爾，經歷過無數次失敗之後，才學會了說「不」。

年輕時的他，無論做什麼事都缺乏計劃，一事無成地虛晃日子，連父母也對他感到失望，而他自己也陷入了絕望之中。

二十歲那年，他離家獨自謀生時，寫了一封信給自己：「夜晚遲遲不睡，而撞球或者喝酒，這些事是年輕人不該做的，所以我決定戒除。但是對這決定我應該說什麼呢？是不是還照舊說『只這一次，下不為例呢？』還是『從此絕不』了呢？以前已經反覆過好幾次了。」

維爾最大的野心是買皮毛衣及瑪瑙戒指，雖然在當時不能說是太大的奢望，但對他來說是很難買的。於是他無時不克制自己，以求事事三思而後行。這種堅決的克制態度，使得他由沒沒無聞的員工調升到鐵路公司的總經理。

他向別人說「不」的同時，也要向自己說「不」，尤其是創立電話電報這樣巨大組織的時候，他時時刻刻地說「不」。正因為這樣，他才能避免因一時衝動的手段而誤了大事。

拒絕別人不是一件什麼罪大惡極的事情，也不要把說「不」當成是要與人決裂。是否把「不」說出口，應該是在衡量了自己的能力之後，做出的明確回應。雖然說「不」難免會讓對方生氣，但與其答應了對方卻做不到，還不如表明自己拒絕的原因，相信對方也會體諒你的立場。

說「不」沒什麼開不了口的，只要立場站得住和對自己有益的，就請勇敢地向別人和自己說「不」吧。

## 語言大師 精華提要

拒絕別人時不要覺得不好意思，更加不能猶猶豫豫，否則，對方會覺得你是有能力卻不幫，很可能因此對你心生不滿。

# 08 怎樣下逐客令，對方才會笑著走

無端的空耗別人的時間，無異於謀財害命。
——魯迅

有朋來訪，促膝長談，交流思想，增進友情是生活中的一大樂事，也是人生道路上的一大益事。宋朝著名詞人張孝祥在跟友人夜談後，忍不住發出了「誰知對床語，勝讀十年書」的感歎。

然而，現實中也會有與此截然相反的情形。下班後吃過飯，你希望靜下心來讀點書或做點事，那些不請自來的「愛聊」分子又要擾得你心煩意亂了。他嘮嘮叨叨，沒完沒了，一再重複你毫無興趣的話題，還越說越來勁。你勉強敷衍，焦急萬分，極想對其下逐客令但又怕傷了感情，故而難以啟齒。但是，你「捨命陪君子」，就將一事無成，因為你最寶貴的時間，正在白白地被別人佔有著。

任何一個珍惜時間的人都不甘由著別人「將生命浪費」。那要怎樣對付這種說起話來就沒完沒了的常客呢？最好的對付辦法是：運用高超的語言技巧，把「逐客令」說得美妙動聽，做到兩全其美；既不挫傷好話者的自尊心，又使其變得知趣。

要將「逐客令」下得有人情味，可以參考以下方法：

## 一、以婉代直

用婉言柔語來提醒、暗示滔滔不絕的客人：主人並沒有多餘的時間跟他閒聊胡扯。與冷酷無情的逐客令相比，這種方法容易被對方接受。如「今天晚上我有空，咱們可以好好暢談一番。不過，從明天開始我就要全力以赴讀書，爭取這次考試能及格。」這是指請您從明天起就別再打擾我了。

又如「最近我妻子身體不好，吃過晚飯後就想睡覺。我們是不是說話時聲音輕一點？」這句話用商量的口氣，卻傳遞著十分明確的資訊：你的高談闊論有礙女主人的休息，還是請你少來光臨為妙吧。

## 二、以寫代說

有些「嘴貧」的人對婉轉的逐客令可能會意識不到。對這種人，可以用張貼字樣的方法代替語言，讓人一看就明白。

根據具體實際情況，我們可以貼一些諸如「我家孩子即將參加高考，請勿大聲喧嘩」、「主人正在自學英語，請客人多加關照」等字樣，製造出一種惜時如金的氛圍，使愛閒聊者理解和注意。一般情況下，字樣是寫給所有來客看的，並非針對某一位，所以不會令某位來客有多少難堪。

## 三、以熱代冷

用熱情的語言、周到的招待代替冷若冰霜的表情，使好閒聊者在「非常熱情」的主人面前感到今後不好意思多登門。愛閒聊者一到，你就笑臉相迎，沏好香茗一杯，捧出瓜子、糖果、水果，很有可能把他嚇得下次不敢貿然再來。你要用接待貴賓的高規格，他一般也不敢老是以「貴客」自居。

過分熱情的實質無異於冷待，這就是生活辯證法。但以熱代冷，既不失禮貌，又能達到「逐客」的目的，效果之佳，不言自明。

## 四、以攻代守

用主動出擊的姿態堵住好閒聊者登門來訪之路。先瞭解對方一般每天幾點到你家，然後你不妨在他來訪前的一刻鐘先「殺」上他家門去。於是，你由主人變成了客人，他則由客人變成了主人。你就能掌握交談時間的主動權，想何時回家，都由你自己安排了。

你殺上門去的次數一多，他就會讓你給「黏」在自己家裡，原先每晚必上你家的習慣很快會改變。經過一段時之後，他很可能不再「重蹈覆轍」。以攻代守，先發制人，是一種特殊形式的逐客令。

## 五、以疏代堵

閒聊者用如此無聊的嚼舌消磨時間，原因是他們既無大志又無高雅的興趣愛好。如果改用疏導之法，讓他有計劃要完成，有感興趣的事可做，他就無暇光顧你家了。顯然，以疏代堵能從根本上解除閒聊者上門干擾之苦。

怎樣進行疏導呢?如果他是年輕人，你可以激勵他：「人生一世，多學點東西總是好的，有真才實學更能過好生活，我們可以多學習，充實自己。」

如果他是中老年，可以根據他的具體條件，誘導他培養某種興趣愛好，或種花，或讀書，或練書法。「老張，您的毛筆字可真有功底，如果再上一層樓，就可以去參加比賽了！」這話一定會令他欣喜萬分，躍躍欲試。一旦有了興趣愛好，你請他來做客還不一定能請到呢！

### 語言大師 精華提要

下逐客令不是件容易的事，但必要的時候，還是必須做的，不過在方法上是一定要慎重選擇，具體情況具體對待，總之，不能讓對方覺得你是在趕他走。

謝謝您購買 說話不能太白癡：語言大師速成班招生中！ 這本書！

即日起，詳細填寫本卡各欄，對折免貼郵票寄回，我們每月將抽出一百名回函讀者寄出精美禮物，並享有生日當月購書優惠！

想知道更多更即時的消息，歡迎加入"永續圖書粉絲團"

您也可以利用以下傳真或是掃描圖檔寄回本公司信箱，謝謝。

傳真電話：（02）8647-3660 信箱：yungjiuh@ms45.hinet.net

---

☺ 姓名： □男 □女 □單身 □已婚

☺ 生日： □非會員 □已是會員

☺ E-Mail： 電話：（ ）

☺ 地址：

☺ 學歷：□高中及以下 □專科或大學 □研究所以上 □其他

☺ 職業：□學生 □資訊 □製造 □行銷 □服務 □金融
□傳播 □公教 □軍警 □自由 □家管 □其他

☺ 您購買此書的原因：□書名 □作者 □內容 □封面 □其他

☺ 您購買此書地點： 金額：

☺ 建議改進：□內容 □封面 □版面設計 □其他

您的建議：

廣告回信
基隆郵局登記證
基隆廣字第57號

新北市汐止區大同路三段一九四號九樓之一

# 大拓文化事業有限公司收

請沿此虛線對折免貼郵票，以膠帶黏貼後寄回，謝謝！